TELEJORNALISMO REGIONAL E A PARTICIPAÇÃO DO PÚBLICO

MUTAÇÕES COMUNICACIONAIS, FORMAÇÃO DE REDES E FORTALECIMENTO DA CIDADANIA

Editora Appris Ltda.
1.ª Edição - Copyright© 2024 da autora
Direitos de Edição Reservados à Editora Appris Ltda.

Nenhuma parte desta obra poderá ser utilizada indevidamente, sem estar de acordo com a Lei n°
9.610/98. Se incorreções forem encontradas, serão de exclusiva responsabilidade de seus organi-
zadores. Foi realizado o Depósito Legal na Fundação Biblioteca Nacional, de acordo ccm as Leis n°s
10.994, de 14/12/2004, e 12.192, de 14/01/2010.

Catalogação na Fonte
Elaborado por: Dayanne Leal Souza
Bibliotecária CRB 9/2162

S443t
2024
	Sabatke, Tatiana de Souza
	    Telejornalismo regional e a participação do público: mutações
	comunicacionais, formação de redes e fortalecimento da cidadania / Tatiana
	de Souza Sabatke. – 1. ed. – Curitiba: Appris, 2024.
	    143 p. : il. ; 23 cm. – (Coleção Ciências da Comunicação).
	
	    Inclui referências.
	    ISBN 978-65-250-6411-6
	
	    1. Telejornalismo. 2. Regional. 3. WhatsApp (Aplicativo de mensagens).
	4. Recepção. 5. Telespectadores. I. Sabatke, Tatiana de Souza. II. Título.
	III. Série.
	
	                                                          CDD – 302.23

Livro de acordo com a normalização técnica da ABNT

Appris editora

Editora e Livraria Appris Ltda.
Av. Manoel Ribas, 2265 – Mercês
Curitiba/PR – CEP: 80810-002
Tel. (41) 3156 - 4731
www.editoraappris.com.br

Printed in Brazil
Impresso no Brasil

TATIANA DE SOUZA SABATKE

TELEJORNALISMO REGIONAL E A PARTICIPAÇÃO DO PÚBLICO
MUTAÇÕES COMUNICACIONAIS, FORMAÇÃO DE REDES E FORTALECIMENTO DA CIDADANIA

Appris
editora

Curitiba, PR
2024

FICHA TÉCNICA

EDITORIAL
Augusto Coelho
Sara C. de Andrade Coelho

COMITÊ EDITORIAL
Ana El Achkar (Universo/RJ)
Andréa Barbosa Gouveia (UFPR)
Antonio Evangelista de Souza Netto (PUC-SP)
Belinda Cunha (UFPB)
Délton Winter de Carvalho (FMP)
Edson da Silva (UFVJM)
Eliete Correia dos Santos (UEPB)
Erineu Foerste (Ufes)
Fabiano Santos (UERJ-IESP)
Francinete Fernandes de Sousa (UEPB)
Francisco Carlos Duarte (PUCPR)
Francisco de Assis (Fiam-Faam-SP-Brasil)
Gláucia Figueiredo (UNIPAMPA/ UDELAR)
Jacques de Lima Ferreira (UNOESC)
Jean Carlos Gonçalves (UFPR)
José Wálter Nunes (UnB)
Junia de Vilhena (PUC-RIO)

Lucas Mesquita (UNILA)
Márcia Gonçalves (Unitau)
Maria Aparecida Barbosa (USP)
Maria Margarida de Andrade (Umack)
Marilda A. Behrens (PUCPR)
Marília Andrade Torales Campos (UFPR)
Marli Caetano
Patrícia L. Torres (PUCPR)
Paula Costa Mosca Macedo (UNIFESP)
Ramon Blanco (UNILA)
Roberta Ecleide Kelly (NEPE)
Roque Ismael da Costa Güllich (UFFS)
Sergio Gomes (UFRJ)
Tiago Gagliano Pinto Alberto (PUCPR)
Toni Reis (UP)
Valdomiro de Oliveira (UFPR)

SUPERVISORA EDITORIAL
Renata C. Lopes

PRODUÇÃO EDITORIAL
Sabrina Costa

REVISÃO
Ana Lúcia Wehr

DIAGRAMAÇÃO
Bruno Ferreira Nascimento

CAPA
Jhonny Reis

REVISÃO DE PROVA
Bruna Santos

COMITÊ CIENTÍFICO DA COLEÇÃO CIÊNCIAS DA COMUNICAÇÃO

DIREÇÃO CIENTÍFICA
Francisco de Assis (Fiam-Faam-SP-Brasil)

CONSULTORES
Ana Carolina Rocha Pessôa Temer (UFG-GO-Brasil)
Antonio Hohlfeldt (PUCRS-RS-Brasil)
Carlos Alberto Messeder Pereira (UFRJ-RJ-Brasil)
Cicilia M. Krohling Peruzzo (Umesp-SP-Brasil)
Janine Marques Passini Lucht (ESPM-RS-Brasil)
Jorge A. González (CEIICH-Unam-México)
Jorge Kanehide Ijuim (Ufsc-SC-Brasil)
José Marques de Melo (*In Memoriam*)
Juçara Brittes (Ufop-MG-Brasil)
Isabel Ferin Cunha (UC-Portugal)
Márcio Fernandes (Unicentro-PR-Brasil)
Maria Aparecida Baccega (ESPM-SP-Brasil)

Maria Ataíde Malcher (UFPA-PA-Brasil)
Maria Berenice Machado (UFRGS-RS-Brasil)
Maria das Graças Targino (UFPI-PI-Brasil)
Maria Elisabete Antonioli (ESPM-SP-Brasil)
Marialva Carlos Barbosa (UFRJ-RJ-Brasil)
Osvando J. de Morais (Unesp-SP-Brasil)
Pierre Leroux (Iscea-UCO-França)
Rosa Maria Dalla Costa (UFPR-PR-Brasil)
Sandra Reimão (USP-SP-Brasil)
Sérgio Mattos (UFRB-BA-Brasil)
Thomas Tufte (RUC-Dinamarca)
Zélia Leal Adghirni (UnB-DF-Brasil)

Para minha mãe e meu pai, Geronilda e Osni, e minhas irmãs, Manueli e Karina.
Para Adir, com quem construo o roteiro da vida todos os dias, em busca daquilo que nos faz feliz.

AGRADECIMENTOS

Muitas pessoas ajudaram para que este livro fosse publicado. A todas elas, o meu sincero agradecimento. A colaboração de cada um fez com que mais pessoas pudessem encantar-se pelo mundo fantástico da televisão e pelos estudos de recepção. Agradeço à minha família, especialmente à minha mãe, Geronilda, às minhas irmãs, Manueli e Karina, e ao meu pai, Osni, pelas palavras de incentivo e reconhecimento. A Adir, meu companheiro de vida, que esteve todos os dias acompanhando a elaboração deste estudo e a elaboração do livro. Todo meu reconhecimento aos professores que fizeram parte da minha trajetória acadêmica, especialmente José Carlos Fernandes, Valquíria Michela Jhon e Graziela Soares Bianchi. Os ensinamentos de vocês foram fundamentais na construção do conhecimento. Meu agradecimento à amiga e gerente de jornalismo da NDTV, Drica Fermiano. Em seu nome, agradeço à emissora e aos demais profissionais. Foi uma honra ter participado desde o início do processo de implantação do WhatsTV e depois poder aprofundar este estudo. Realmente, a participação do público no telejornalismo regional é um caminho sem volta. E nós sabemos o quanto é importante a contribuição diária dos telespectadores. Aos meus amigos, obrigada por tantas vezes ouvirem e compartilharem os momentos de felicidade pela publicação do livro. A vida é muito boa ao lado de vocês. Fundamentais neste processo também foram os queridos e dedicados telespectadores que contribuíram de maneira singular para esta pesquisa. Agradeço a disponibilidade e o comprometimento de sempre. Acreditem que vocês podem, cada vez mais.

Estudar apenas os meios de comunicação, determinado programa de televisão, não é o mais importante, porque o ponto-chave do processo é desde onde se assiste.

(Jesús Martín-Barbero, on-line, 2012)

PREFÁCIO

Um respeitável público

Num futuro de qualquer pretérito, alguém haverá de se debruçar, com a devoção de um monge, sobre um dos maiores fascínios do jornalismo e responder quem é o leitor. E o fará de olho nas inúmeras variações para o tema – o telespectador, o radiouvinte ou o internauta... Para dar conta da tarefa, terá de recorrer ao estudo *Telejornalismo regional e a participação do público*, de Tatiana de Souza Sabatke. É dessa profecia que se trata nossa conversa.

São incontáveis as menções aqui e ali sobre os receptores dos meios de comunicação. As citações à turma da poltrona, a propósito, são cada vez mais vertiginosas, à medida que as redes sociais nos pregam uma peça atrás da outra, desmentindo, no pipocar das novas tecnologias, aquilo que acreditávamos ser uma verdade qualquer sobre o respeitável público. Salvo engano, contudo, e me perdoem a heresia, aquele que lê, ouve, assiste e compartilha é muito mais tratado como uma rã de barriga aberta no mármore frio do laboratório do que propriamente como ser dialogante, dono de saberes e alguém com preferência na fila do pão.

Cá entre nós, o pouco caso com o receptor é uma doença crônica do jornalismo. Não vem de hoje. Uma frase atribuída ao poeta e cronista Carlos Drummond de Andrade ilustra bem o grau dessa enfermidade: "Quem escreve para jornal é porque não tem namorada", teria dito o autor de "Quadrilha", "José" e "No meio do caminho". Em miúdos, a sociedade anônima dos que insistem em se comunicar com editores e repórteres – reclamando, dando pitacos e sugestões – pertenceria, no imaginário da imprensa, a uma casta de mal-amados, com tempo de sobra para torrar a paciência alheia. Qualquer profissional que tenha trabalhado numa redação sabe que esse preconceito existe.

O mundo acadêmico acaba sendo o espelho dessas práticas pouco hospitaleiras, nascidas de um pau torto, perpetuadas por gerações. O público – na sua faceta de cidadão cultural, como definiu Néstor García Canclini, e não apenas como cidadão consumidor – é um ilustre ausente das mais festivas discussões sobre mídia. Não à toa, são raros os livros publicados no Brasil que tenham como ponto de partida as cartas do leitor, por exemplo. Até porque essas cartas sempre ganharam, sem pudores, a lata do lixo, promovendo um genocídio em massa de estudos de recepção. E uma frustração brutal para pesquisadores, que acreditaram poder encontrá-las e se banquetear com esses documentos, mortos de vontade de devorar as respostas de quem, por ironia, dá existência à notícia.

Na contramão dessa tendência de apagamento sistemático dos nossos fregueses, podemos citar os já clássicos *Leituras da revista Realidade (1966-1968)*, de Letícia Nunes de Moraes (publicado pela Editora Alameda em 2007), e *O sonho da casa no campo – jornalismo e imaginário de leitores urbanos*, de Gislene Silva (publicado pela Editora Insular em 2009). Os dois trabalhos se abastecem de mensagens enviadas pelos leitores missivistas, os tais solitários imaginados por Drummond. Deve-se lembrar que inúmeros outros trabalhos poderiam ter sido escritos se as cartas e demais suportes fossem guardados, o que ajudaria a entender uma das equações mais sofisticadas da nação: como funciona a cabeça e o coração do público brasileiro, cuja performance não é pior do que a dos franceses ou dos norte-americanos. É apenas diferente. Temos uma tradição ibérica, contamos o que ouvimos, agimos como um diapasão, que reverbera o som e a fúria da informação. O Whats é a extensão da nossa mentalidade.

De resto, sonhar a possibilidade de um arquivo universal de cartas de leitores é utópico e anacrônico, pois esse arquivamento não fazia parte dos expedientes da mídia analógica, às voltas com a onerosa e demorada engrenagem da produção, publicação e distribuição da notícia. E tampouco esse horizonte faz parte da mídia digital, que multiplicou ao infinito a possibilidade de envio de mensagens e a impossibilidade de guardá-las, para que sirvam de alimento para algum estudioso interessado na opinião do seu João e da dona Maria sobre uma determinada notícia. Em resumo, quando o assunto é o público, a máquina da mídia se move mais em direção ao esquecimento do que da memória.

Quando, por sorte, a opinião do leitor encontra uma gavetinha da história onde se esconder – algo como um maço de cartas amareladas, presas com elástico –, logo que achada é recebida com olho vesgo. Argumenta-se, tomando como pretexto a exatidão da ciência, que quase sempre essas mensagens foram editadas, escolhidas por força da cabeça e da sentença de um jornalista, movido por matrizes ideológicas "x", "y" ou "z". Noves fora, essas fontes se tornam uma ilha cercada de desconfiança por todos os lados.

Pergunta-se se sinais de fumaça e garrafas com mensagens jogadas ao mar, mandados pelo público – em qualquer que se seja o suporte –, seriam capazes de atender aos rigorosos espartilhos acadêmicos. Pois são. A quem interessar possa, os estudos de recepção se dão à custa de vestígios e sobras encontradas, não raro ao acaso, nos arquivos enferrujados da humanidade. Tal como as lembranças, sobrevivem pela distorção e não pela precisão. Só louco para desprezar tais achados. Mesmo que falhas e frágeis, essas fontes não podem ser reduzidas a entulho – como mostrou o pesquisador José Luiz Braga, no seminal *A sociedade enfrenta sua mídia* (Editora Paulus, 2006). Um conjunto de e-mails enviados a uma redação, mesmo que não obedeça a crivos estatísticos, é uma forma legítima de "resposta social", na expressão usada por Braga, passível de atender a grande arte da leitura e interpretação do que dizem e pensam os clientes do noticiário.

A jornalista Tatiana de Souza Sabatke figura entre os que se alistaram na atividade humana, demasiadamente humana, de entender essas "sobras" da pesquisa. Sabe que são maltratadas pela turma do *establishment*, mas jornalista chão de fábrica que é – e tendo dito "alô" para muitos espectadores ao longo da sua carreira" – fez o que tinha de ser feito. Seguiu o caminho da roça, de modo a não perder nenhuma etapa nas quais se desenvolvem as práticas e as crenças dos internautas missivistas. Ela os escolheu para chamar de seus, um vínculo real e caloroso que esse livro expressa. Nada que impeça a credibilidade: nas páginas que se seguem, a prosa com a turma do Whats se dá lado a lado com os engenhosos mapas do célebre intelectual Jesús Martín-Barbero, companheiro de viagem da pesquisadora.

São evidentes as razões do afeto de Sabatke. Esses telespectadores internautas formam um grupo com vestimenta própria. Eles nos roubam a atenção. Dia após dia, abastecem com mensagens a produção de um telejornal na cidade de Joinville, em Santa Catarina. Oferecem, na bandeja do WhatsApp, a visão de mundo das chamadas pessoas comuns. E desfrutam de uma alegria também comum – o prazer de serem ouvidos, fazerem parte de uma pequena constelação e verem suas mensagens projetadas na tela da tevê. Na pele dessa gente, o ciclo virtuoso da informação se completa.

Para surpresa, o troca-troca entre público e emissora não se resume a um chamego mercadológico, com fim em si mesmo – quiçá com direito a algum brinde de fim de ano. Tatiana identificou nesses homens e mulheres relações cidadãs, vínculos interpessoais e uma deliciosa porosidade no muro do jornalismo. Depois de décadas de silêncio, agarraram na unha o direito de participar. Final feliz. Quem está do outro lado – no envio de textos para a redação – continua a maratona dos Joões e Marias que selaram cartas e as deixaram na portaria dos jornais, plenos de esperança. Tal e qual, são seres apaixonados. E aquele abraço para os poetas.

José Carlos Fernandes

Jornalista profissional, professor do Departamento de Comunicação e PPGCOM da Universidade Federal do Paraná

APRESENTAÇÃO

Falar de telejornalismo regional/local é falar sobre aquilo que é próximo, que faz parte do nosso dia a dia (Peruzzo, 2005). Mas é também próximo do que vive o telespectador, nossa fonte mais preciosa quando queremos entender o que de fato está ocorrendo no bairro, na rua, ou na cidade. Ele também vive o cotidiano, habita o tempo e espaço (Martín-Barbero, 2019) que permeiam o desenrolar da notícia.

Como jornalistas, cabe a nós, profissionais, entender o que de fato busca o telespectador que participa e contribui com o telejornalismo. É isso que, durante este livro, buscamos compreender ao traçar o perfil do público que é ativo ao enviar não apenas opinião, mas sugestões de pauta e conteúdos que podem ser usados no processo de construção da informação que diariamente entra na casa de milhares de telespectadores. É justamente a partir dessa perspectiva que o jornalista deve também entender o seu papel nessa mediação do conteúdo. A responsabilidade que lhe é concedida é também cobrada, pois cabe ao jornalista, a partir dos critérios técnicos e éticos, definir o que vai ou não ao ar.

Com a popularização do WhatsApp no Brasil, a comunicação entre emissoras de TV e telespectadores ficou ainda mais instantânea. Em Joinville, desde 2013, o público do *Balanço Geral Joinville* pode participar do telejornal, enviando as mensagens que são lidas ao vivo, pouco tempo depois de serem recebidas pela equipe de produção. Neste livro, investigamos o que motiva a participação de telespectadores que mantêm uma relação diária de proximidade e companheirismo com a emissora. O quarto mapa de Jesús Martín-Barbero (2019) mostra-nos o caminho para investigarmos como essa relação se apresenta nos eixos e nas mediações propostos pelo autor para investigar as mutações comunicacionais contemporâneas. É uma relação construída na credibilidade e que dia após dia fortalece os laços sociais, em uma perspectiva cidadã.

Com a total consciência de que a relação entre público, emissora e jornalistas está em constante mutação, convido o leitor a percorrer o mapa, refletir sobre os processos comunicacionais que vivemos e dar ao telespectador a relevância que a participação merece a partir dos estudos de recepção.

Tatiana de Souza Sabatke

tatianassjornalista@gmail.com

LISTA DE ABREVIATURAS E SIGLAS

BG JOINVILLE Balanço Geral Joinville
CEI Centro de Educação Infantil
IBGE Instituto Brasileiro de Geografia e Estatística
IDEB Índice de Desenvolvimento da Educação Básica
NDTV NDTV Record TV
PA Pronto Atendimento 24 Horas
RIC Rede Independência de Comunicação
RJ Rio de Janeiro
RJTV Telejornal Rio de Janeiro TV
SBT Sistema Brasileiro de Televisão
SCC Sistema Catarinense de Comunicação
SMS Short Message Service
TIC DOMICÍLIOS Tecnologias de Informação e Comunicação
TV Televisão
UEPG Universidade Estadual de Ponta Grossa
UFPR Universidade Federal do Paraná
UFSC Universidade Federal de Santa Catarina
WHATS WhatsApp

SUMÁRIO

1.
INTRODUÇÃO..21

2.
PARTICIPAÇÃO DO PÚBLICO E CONVERGÊNCIA MIDIÁTICA: UM DIÁLOGO NECESSÁRIO...29
2.1 DEFINIÇÃO DOS CONCEITOS DE INTERAÇÃO, INTERATIVIDADE E PARTICIPAÇÃO..32
2.2 UM HISTÓRICO DOS MODOS DE PARTICIPAÇÃO DO PÚBLICO NA TELEVISÃO ABERTA BRASILEIRA...37
2.3 BALANÇO GERAL JOINVILLE..42
2.4 A RELAÇÃO ESTABELECIDA ENTRE O PÚBLICO E O BALANÇO GERAL JOINVILLE A PARTIR DOS PROCESSOS DE INTERAÇÃO.....................44

3.
TELEJORNALISMO LOCAL E PARTICIPAÇÃO DO PÚBLICO..........53
3.1 OBSERVANDO OS CRITÉRIOS DE NOTICIABILIDADE A PARTIR DA PARTICIPAÇÃO DO PÚBLICO..61
3.2 PESQUISAS VOLTADAS PARA A INTERAÇÃO ENTRE PÚBLICO E EMISSORAS DE TV UTILIZANDO O WHATSAPP............................65

4.
O CAMINHO PERCORRIDO NA COLETA DE DADOS PARA A ANÁLISE...69
4.1 O PAPEL DA TELEVISÃO PARA OS ESTUDOS CULTURAIS NA AMÉRICA LATINA..72
4.2 NA TRILHA DO TERCEIRO E DO QUARTO MAPAS PROPOSTOS POR MARTÍN-BARBERO...75
4.2.1 Narrativas...79
4.2.2 Redes...81
4.2.3 Cidadania..82
4.3 APROXIMAÇÃO COM O PÚBLICO PARTICIPANTE....................83
4.3.1 Grupo de discussão como estratégia para coleta de dados sobre a participação do público..87

5.

O QUE DIZ O PÚBLICO SOBRE O MODO DE PARTICIPAÇÃO 89

5.1 INTERESSADOS E COLABORATIVOS: UM PERFIL DOS PARTICIPANTES DA PESQUISA...95

5.2 ANÁLISE DOS DADOS COLETADOS NO FORMULÁRIO 2 97

5.3 A REALIZAÇÃO DO GRUPO DE DISCUSSÃO: ON-LINE E PRESENCIAL 103

5.4 UMA ANÁLISE DO QUE DIZ O PÚBLICO QUE PARTICIPA E ASSISTE AO BALANÇO GERAL 111

5.5 MAS NO FIM, O QUE MOTIVA A PARTICIPAÇÃO?........................115

5.6 O SENTIMENTO DE PERTENCIMENTO A UMA COMUNIDADE 117

6.

A RELAÇÃO COM OS MAPAS EM MUTAÇÃO DE JESÚS MARTÍN-BARBERO...119

6.1 RESULTADOS OBTIDOS A PARTIR DO PERCURSO PERCORRIDO NO MAPA 126

7.

AINDA HÁ MUITO O QUE SER DITO E VISTO EM ESTUDOS DE RECEPÇÃO 131

REFERÊNCIAS..135

1.

INTRODUÇÃO

Acompanhar o dia a dia das cidades pelo viés do jornalismo é observar que as discussões se dão em um cenário que tende a amplificar o alcance de conteúdos produzidos também pelo público. Em Joinville, a cidade mais populosa de Santa Catarina, não é diferente. No telejornalismo feito pelas emissoras de televisão com abrangência regional, percebe-se, na prática, a facilidade para manter contato tanto com as emissoras quanto com repórteres e apresentadores, seja pelos aplicativos de comunicação instantânea ou pelas redes sociais.

Neste livro, analisamos especificamente a participação do telespectador por meio do WhatsApp do *Balanço Geral Joinville*. E, como propõe Jesús Martín-Barbero (2012), fizemos este estudo a partir do local onde se assiste (e se participa). Para isso, mantivemos contato com telespectadores que participam ativamente da programação jornalística. A formação em jornalismo e a carreira em uma redação de telejornal propiciaram-me a oportunidade de ver a televisão passar por uma das suas grandes mudanças nas últimas décadas. A TV deixou de ser analógica para ser digital. E com tantas novidades, uma das principais foi a convergência, não apenas entre programas, empresas jornalísticas e redações, mas, principalmente, a convergência digital entre emissoras de TV e o público.

Foi assim que, em 2013 fiz parte de um dos momentos que ainda hoje mais me chama a atenção na televisão. Até ali, muito já se tinha de interação com o público. Não era novidade o fato de a televisão buscar esse envolvimento e essa proximidade com o telespectador, mas foi naquele ano que a antiga RICTV Record Joinville, atual NDTV, em parceria com uma empresa de tecnologia joinvilense, davam um passo importante (e sem volta) quando falamos em interatividade. Foi em 2013, já com a popularização do WhatsApp, que começaram a ser exibidas, ao vivo e quase que em tempo real, as mensagens enviadas pelos telespectadores.

A forma, a velocidade e a maneira como público e emissora passaram a se relacionar a partir daquele momento nunca mais foram as mesmas. O aperfeiçoamento desse formato de interação e a participação do público passaram a ocupar um espaço central de discussão para esta autora.

Como bem lembra Vera Íris Paternostro (1999), a televisão surgiu no Brasil como um veículo elitista. Pelo menos três pontos são indicados como premissas para que as emissoras de TV buscassem fidelização do público e audiência. São eles: 1) o aumento na quantidade de aparelhos de TV pelo país; 2) a adesão ao modelo comercial; e 3) o surgimento do sistema de emissoras afiliadas. A audiência ainda é fator determinante para as inovações oferecidas ao público e faz parte do processo de fortalecimento e credibilidade das emissoras. Depois da televisão em cores e das transmissões ao vivo, a internet se apresentou como uma aliada no modo de "fazer TV". Mais do que isso, ela tem um papel importante na relação que se constrói todos os dias entre jornalistas, produtores de conteúdo e público. Com a internet, houve também a aceleração na comunicação e mais aproximação entre programas e telespectadores. As tradicionais cartas e ligações foram substituídas, ainda que não totalmente, primeiro, pelo envio de e-mail, depois, com a participação em canais exclusivos nos próprios sites das emissoras e, na última década, mais fortemente, por publicações e comentários em redes sociais, blogs, sites e trocas de mensagens pelo WhatsApp, ferramenta primordial para a análise desenvolvida neste livro.

A pesquisa TIC Domicílios 2021[1], conduzida pelo Centro Regional de Estudos para o Desenvolvimento da Sociedade da Informação do Núcleo de Informação e Coordenação do Ponto BR, mostra que os brasileiros estão mais conectados. Dados divulgados no primeiro semestre de 2022 apontam que 82% dos domicílios brasileiros têm acesso à internet. Com relação à região Sul do país, esse número é de 83%. Cerca de 138,8 milhões de brasileiros acessam a internet todos os dias ou quase todos os dias. O celular continua sendo o dispositivo mais utilizado para esse acesso (99%). Entretanto, pela primeira vez, a televisão ultrapassou o computador como dispositivo mais utilizado para se conectar com a internet. Em 2014, 7% dos brasileiros usavam a TV para acessar a internet; hoje, o índice é de 50%. Em números, a TIC Domicílios 2021 mostra que 74,5 milhões de brasileiros usam a TV para essa finalidade. Em 2019, última vez que o questionamento havia sido feito, o número era de 49,5 milhões de brasileiros. Já com relação ao computador, em 2014, representava 80% dos acessos, e, atualmente, 36% das pessoas usam o computador para este fim.

---

[1] Essa pesquisa é realizada anualmente desde 2005, e os dados do estudo citado foram coletados entre outubro de 2021 e março de 2022, com pessoas com mais de 10 anos. Disponível em:

Com relação às atividades realizadas pela internet, a TIC Domicílios 2021 mostra que 93% dos usuários mandaram mensagens pela internet; 81% usaram redes sociais (cinco pontos a mais que em 2019); 54% leram jornais, revistas ou notícias; e 50% acompanharam transmissões ao vivo de áudio ou vídeo, um crescimento de 12 pontos, quando comparado com 2016 – última vez em que o indicativo havia sido pesquisado.

Esses números refletem na maneira com que as pessoas podem interagir com os veículos de comunicação, especialmente com a televisão. Antes da popularização do WhatsApp no Brasil, as operadoras de telefonia celular cobravam por mensagem (SMS) enviada, havendo ainda limite na quantidade de caracteres que poderiam ser enviados em uma mensagem.

Com a expansão do WhatsApp no Brasil, a partir do ano de 2012, a comunicação instantânea passa por uma profunda transformação. Já não era mais preciso estar junto para compartilhar algo em tempo real, enviar e receber informações. O aplicativo, que está entre os mais utilizados no Brasil, aproximou as pessoas, auxiliou na formação de comunidades digitais e estreitou a relação entre pessoas e empresas. Na televisão não foi diferente. Essa aproximação e a facilidade de contato trouxeram uma mudança expressiva na relação entre telespectadores e jornalistas, principalmente quando falamos de telejornalismo regional. De aplicativo de comunicação instantânea entre familiares e amigos, o WhatsApp passou a ser utilizado comercialmente e serve como ferramenta tecnológica para contato direto entre o público e a televisão. São justamente essas relações construídas e desenvolvidas entre os telespectadores do *Balanço Geral Joinville* e a emissora NDTV a partir da interatividade proporcionada por meio do WhatsApp que investigamos neste livro.

O *Balanço Geral Joinville* (BG Joinville) é um telejornal da NDTV, que pertence ao Grupo ND, em Santa Catarina. A NDTV é uma emissora afiliada[2] à Record TV. O noticioso vai ao ar de segunda a sexta-feira, entre 11h50 e 13h15. Aos sábados, a emissora exibe o *Balanço Geral* diretamente da capital, Florianópolis, para todo o estado, com participações ao vivo de repórteres e reportagens das praças. Além de ser o pioneiro na utilização do WhatsApp para o contato com o público na região Sul do Brasil, o *Balanço Geral Joinville* tem como sede a cidade mais populosa de Santa Catarina, com estimativa divulgada pelo IBGE de 617 mil habitantes.

---

[2] São emissoras de TV que retransmitem a programação da emissora principal de uma rede de emissoras. Elas têm normas estabelecidas e seguem a programação original, mas podem, normalmente, produzir programação própria (Paternostro, 1999).

Além de ser um canal de comunicação em que o telespectador pode enviar sugestões de pauta, o WhatsApp também foi apresentado ao público como o meio pelo qual se consegue comentar os assuntos que estão sendo exibidos, expor pontos de vista a respeito das reportagens que é convidado a opinar, ou de qualquer outro tema que entenda ser relevante.

A utilização do WhatsApp pela emissora atendeu à necessidade de duas empresas: primeiro, a NDTV tinha como objetivo ampliar o contato com o público; segundo, a necessidade de uma empresa joinvilense de tecnologia testar o sistema que havia desenvolvido, pelo qual era possí-vel receber mensagens no WhatsApp, editá-las e exibi-las com um *layout* adaptado especificamente para a linguagem televisiva. Essa troca entre as duas empresas fez com que o telejornalismo da NDTV fosse uma espécie de laboratório para o desenvolvimento e aprimoramento do *software* WhatsTV[3].

Logo após os primeiros dias de uso, o WhatsApp bloqueou o número da emissora, e foram necessários ajustes no sistema. O que, em um primeiro momento, foi sinônimo de desespero serviu para os profissionais da TV perceberem que o público desejava uma comunicação direta e que havia interesse em mais espaço para participação. Apesar de haver o receio de que as pessoas não adicionassem o novo contato, o movimento do público foi ao contrário. Logo após o novo número ser divulgado, diversas mensagens chegaram até a emissora por meio do WhatsApp.

Como a NDTV foi a primeira emissora a usar o aplicativo desenvol-vido pela empresa joinvilense de tecnologia, jornalistas com experiência em televisão auxiliaram na adaptação do formato do sistema que, em 2024, é usado por, aproximadamente, 100 emissoras de TV no Brasil.

Em Santa Catarina, com a utilização do WhatsTV, um novo marco na televisão regional começou a ser percebido. O telespectador conquistava ainda mais espaço, via a sua opinião ter relevância ao ser exibida durante o noticioso e tinha o direito de opinar, concordando ou não, com mais agilidade e facilidade.

A primeira mensagem enviada pelo telespectador foi ao ar em 2013, e, desde então, a metodologia usada pelo telejornal para estimular a par-ticipação do público permanece a mesma. Logo que o noticioso[4] inicia, a apresentadora anuncia o número do telefone e convida o telespectador a

---

[3] As informações sobre o aplicativo estão disponíveis no site da empresa responsável pelo sistema, em: https://www.whatstv.com.br/

[4] Noticioso é um termo usado no jornalismo como sinônimo para telejornal.

enviar a mensagem. Em algumas edições, são apresentados temas específicos, ou até enquetes que o telespectador responde utilizando as palavras predefinidas pela produção. Uma pergunta é feita, e a resposta normalmente é sim ou não, acompanhada do símbolo da *hashtag* (#), para que o sistema contabilize. Mas há dias em que o convite para o envio de mensagem é feito sem um tema específico, usando a justificativa de que a opinião do telespectador é importante para a construção conjunta do telejornal. Ao longo da edição, as mensagens são exibidas, após passarem pelo crivo e pela edição da produção. Quando há enquetes, as parciais do resultado são mostradas ao vivo, com objetivo de estimular a participação de pessoas que ainda não votaram.

É justamente esse movimento e essa relação estimulada e desenvolvida a partir do uso do WhatsApp que despertam o interesse em entender como pode ser compreendida a relação de interatividade entre telespectador e emissora; quais pontos contribuem ou não para o fortalecimento das relações de pertencimento e relevância; e o que motiva a participação do telespectador por meio desse formato.

Diante das constantes mudanças e evoluções na maneira com a qual público e emissora de TV interagem, este estudo se justifica pela factualidade do movimento vivenciado todos os dias por quem assiste e por quem produz telejornal. Não observamos apenas o que aconteceu e como se deu a implantação e o início da ferramenta, mas queremos entender as relações que se estabelecem, os acordos firmados entre o telespectador e a televisão, mesmo que, para isso, nenhum documento tenha sido assinado. É, sim, um acordo firmado na manutenção da confiança e da credibilidade entre as duas esferas, uma relação que, a partir de análises, caminha para o fortalecimento do telejornalismo local. Outro ponto importante é voltar o olhar para o telejornalismo local/regional, que está presente e próximo das pessoas, conteúdo televisivo que tende a falar a "língua" de um público que está perto territorialmente, mas também pelo espaço social (Oliveira Filho, 2019).

Jesús Martín-Barbero é o principal operador teórico neste que é um estudo de recepção. Os conceitos de tecnicidade e ritualidade, além do quarto mapa, trazidos por Jesús Martín-Barbero no Mapa das Mediações (2010, 2017), ajudam a entender que há, sim, tecnologia, mas há também mudança cultural para que o processo iniciado a partir da tecnologia concretize-se e ganhe força entre as pessoas. É por isso que também transitamos pela quarta versão do Mapa proposto por Martín-Barbero. Esses mapas são propostos pelo pesquisador latino-americano, que é referência em estudos de recepção, para investigar como se dá o processo de recepção e participação nos meios midiáticos a partir de eixos sincrônicos e diacrônicos, tendo como premissa a comunicação, a cultura e a política.

Quando falamos em interatividade, interação, participação e convergência midiática, tratamos de conceitos que evoluem e se retroalimentam diariamente. Desta forma, estudar a participação é também falar de convergência, processos que oferecem não apenas aos programas jornalísticos e de entretenimento formas para acelerar a comunicação, mas também são ferramentas para colocar o público em outro patamar no processo de construção da notícia.

Salaverría, García-Avilés e Masip (2010), além de Jenkins (2009), dentre os que realizaram estudos sobre a convergência, apontam que o fenômeno está em processo de transformação e diretamente relacionado às mudanças nos ambientes profissional, dos conteúdos, tecnológicos, empresarial e das audiências, sendo que os três últimos têm fundamental relevância para esta pesquisa. Esse marco resulta em importantes mudanças, tanto na prática jornalística quanto no tradicional formato de ver TV, e aponta para a evolução nos modos de participação do público, que conquista espaço no telejornalismo. O *Balanço Geral Joinville* é um telejornal de abrangência regional, se considerarmos o território de alcance como parâmetro para essa definição. Com um foco voltado, principalmente, para as notícias de Joinville, ele também desponta na audiência e nos projetos comerciais e publicitários. Aliás, essa ligação com o comercial é uma característica do telejornalismo regional desde a sua concepção, na década de 1960, com o surgimento do videoteipe. Foi na década de 1980 que o telejornalismo regional ganhou força no Brasil com o modelo de emissoras afiliadas. Não que essa fosse uma exigência de produção de conteúdo para atender às demandas da população, mas, sim, uma necessidade de fortalecimento comercial (Coutinho; Emerim, 2019).

O conceito de telejornalismo regional pode ser definido como "o espaço para a prática e a experiência televisiva do que é próximo, [...] produção simbólica e do trabalho de jornalistas identificados com aquele espaço físico e social" (Coutinho; Emerim, 2019, p. 34). Além disso, outro apontamento é feito pelas autoras: quem faz telejornalismo regional está perto do seu público e é reconhecido por ele. Essas características seriam responsáveis por reforçar as relações de identidade cultural, social e de pertencimento (Coutinho; Emerim, 2019) – em uma perspectiva das empresas de TV, uma relação que resulta em mais audiência e, consequentemente, em melhores cifras, visadas pelo setor comercial.

No jornalismo praticado pela NDTV, algumas premissas de jornalismo participativo ou comunitário (Traquina, 2005) podem ser observadas, principalmente na origem das pautas, que tendem a ser uma sugestão do público ou estarem alinhadas aos assuntos em discussão por determinados grupos sociais da região de abrangência do telejornal. Essa característica parece ser um dos motivadores e incentivadores da participação do público. "Essas temáticas sempre fizeram parte do cardápio dos telejornais [...] A diferença agora é que o cidadão registra e até, se for o caso, narra o problema" (Musse; Thomé, 2015, p. 3).

Além dos processos convergentes, a evolução nos modos de participação do público desponta como pontos de análise. Por esse motivo, ao longo do trabalho, desenvolvemos, com base em autores como Emerim (2014), Finger (2019) e Cajazeira (2020), as definições para interatividade, interação e participação no contexto do telejornalismo.

Ao longo do livro, o leitor vai acompanhar uma discussão sobre telejornalismo local/regional, sobre os conceitos de participação, interação e interatividade em um contexto de convergência midiática, sendo também apresentado um histórico dessa participação do público na TV brasileira e no *Balanço Geral Joinville*. É com a ajuda de telespectadores que contribuíram nesse processo de construção de conhecimento que, no decorrer da obra, percorremos o quarto mapa (2017) de Jesús Martín-Barbero, esmiuçando as mediações e analisando o lugar em que elas se entrelaçam entre a produção e a recepção dos conteúdos. Estamos diante de uma discussão que aprofunda o debate sobre as mutações comunicacionais e culturais no nosso tempo, em uma perspectiva da teoria barberiana.

2.

PARTICIPAÇÃO DO PÚBLICO E CONVERGÊNCIA MIDIÁTICA: UM DIÁLOGO NECESSÁRIO

O que hoje conhecemos como "jornalismo participativo" ou "cidadão" tem ainda outras denominações e permanece sendo objeto de estudo na área da comunicação, em busca de uma definição. Segundo Nelson Traquina (2005), este jornalismo foi também identificado como "jornalismo comunitário" (Craig, 1995), "jornalismo de serviço público" (Shepard, 1994); "jornalismo público" (Rosen, 1994; Merritt, 1995) e "jornalismo cívico" (Lambeth; Craig, 1995) e emergiu nos Estados Unidos da América, no final dos anos de 1980, após análise das coberturas eleitorais. No início da década de 1990, vários jornais começaram a fazer movimentos que demonstravam a necessidade de estar a par daquilo que era pauta para a sociedade. O objetivo era trazer para dentro dos jornais os temas propostos pelos leitores, mas em espaços bem maiores do que os tradicionalmente destinados nas seções "carta do leitor".

Com essas iniciativas, acreditava-se que, ao deixar de ser apenas um "observador desprendido", o jornalista, por meio da sua função social, estaria promovendo o reforço da cidadania e melhorando o debate público, indo além do objetivo de informar e, em consonância com a população, buscando soluções para os problemas da sociedade (Traquina, 2005).

Frazão (2012) deixa explícito o desenvolvimento e a notoriedade que o jornalismo participativo ganhou na década de 1990, principalmente na televisão.

> Considerando a força deste recurso e sua importância junto ao poder público, meios tradicionais como a televisão passam a incorporá-lo na produção dos programas, inclusive nos de telejornalismo, seja contando com a participação do telespectador via redes sociais, seja convidando o público a participar ativamente na produção da notícia (Frazão, 2012, p. 48).

Ainda citando Frazão (2012), a autora ressalta a importância do conhecimento e da formação do profissional de jornalismo na produção da notícia. Para ela, o telespectador pode fazer parte desse processo, mas não ser o responsável pela produção e condução da reportagem.

Especificamente, em Joinville, no estado de Santa Catarina, boa parte das reportagens produzidas nas principais emissoras de televisão diz estar alinhada ao jornalismo comunitário, com pautas que originariamente aparecem em demandas dos telespectadores que assistem à programação. Essa afirmação é possível a partir da observação dos telejornais, uma vez que, rotineiramente, os apresentadores convidam os telespectadores a enviarem sugestões de pauta e fazem questão de informar quando o tema abordado em uma reportagem é oriundo de uma participação do público.

Com a popularização da internet e os avanços tecnológicos, essa participação do público mudou consideravelmente dentro dos veículos de comunicação. Se, no fim da década de 1990 e início do ano 2000, o telespectador, leitor ou ouvinte precisava escrever uma carta ou fazer uma ligação para conversar com o jornalista e sugerir, opinar, corrigir ou questionar algo que havia sido publicado, hoje esse processo se dá por meio de aplicativos de mensagens instantâneas ou aplicativos dos próprios veículos de comunicação, além das redes sociais.

Ainda em 2009, Henry Jenkins dizia que a convergência "ocorre dentro dos cérebros de consumidores" (Jenkins, 2009, p. 30) e que não seria capaz de fazer com que as mídias tradicionais (como rádio e televisão) deixassem de existir. "[...] o emergente paradigma da convergência presume que novas e antigas mídias irão interagir de forma cada vez mais complexa" (Jenkins, 2009, p. 32). O autor ainda aponta a definição adotada para convergência como sendo o "[...] fluxo de conteúdos através de múltiplas plataformas de mídias, à cooperação entre múltiplos mercados midiáticos e ao comportamento dos públicos dos meios de comunicação" (Jenkins, 2009, p. 32).

Outra definição, mais recente, para a convergência é apontada por Ramirez (2020, p. 12, tradução nossa): ela "deve ser entendida como um momento na evolução do desenvolvimento tecnológico da mídia".

Para Salaverría, García-Avilés e Masip (2010) e García-Avilés (2021), são cinco dimensões no processo de convergência que afetam o jornalismo diretamente: empresarial, tecnológica, profissional, de conteúdos e de audiências. Desta forma, também se subentende que a convergência transpassa a evolução tecnológica e está intrinsecamente ligada aos processos de produção, às estratégias de audiência, à distribuição de conteúdo, além da fusão de conteúdos de diferentes empresas que integram o mesmo grupo de comunicação. Esse processo também é percebido no *Balanço Geral Joinville*, quando, por exemplo, são exibidas, no telejornal, a capa do site NDMais, que integra os veículos de comunicação do Grupo ND, ou reportagens específicas do portal, que geram interação também entre os telespectadores da TV. Mais intensamente na última década, vimos os equipamentos tecnológicos evoluírem e a nossa relação com esses aparelhos mudarem. Nesse contexto, o público foi ocupando espaços na comunicação e deixando de ser classificado apenas como coadjuvante, mas sem ainda poder ser considerado protagonista.

> Os telejornais regionais estimulam a participação da audiência não apenas como personagens ou como pauteiros, mas desta vez como produtores de conteúdo, ou como cinegrafistas de um cotidiano caótico. Nesta relação, em que é simulada uma parceria entre audiência e emissora, esses consumidores-produtores, no entanto, funcionam como apuradores e coletores de um material que pode ou não ser aproveitado no telejornal, de acordo com critérios dos jornalistas (Musse; Thomé, 2015, p. 8).

Ao acompanhar o *Balanço Geral Joinville*, é possível constatar que assuntos que tiveram maior engajamento do público, medido por meio da quantidade de comentários e interações com o programa, tendem a continuar tendo espaço na programação. Atender a essa demanda do público por saber mais sobre determinado assunto está relacionado aos números da audiência. Isso, de certa forma, coloca o público em uma escala de relevância, que incentiva a participação em troca da exposição, do aparecimento e do aumento do diálogo sobre temas que geram interesse e interação. Porém, ao ceder esse espaço para a participação do público, a TV se aproxima de objetivos comerciais como empresa de comunicação.

Em uma cultura cada vez mais participativa, a informação é um bem com valor crescente e disputado (Magoni; Miranda, 2018). Para exemplificar como a tecnologia propicia um ambiente que tende a ser mais participativo, os autores fazem uso do conceito de tecnologia proposto por Castells (1996): a tecnologia perpassa a função das máquinas e alcança as habilidades humanas em "difundir e trocar informações, relacionando-as com o restante do mundo" (Magoni; Miranda, 2018, p. 188).

É justamente nesse ambiente que os pesquisadores identificam outra mudança no formato comunicacional. Segundo eles, as mídias tendem a adotar um perfil mais conversacional e menos informativo. "As trocas informativas interpessoais ocorrem mais próximas ao diálogo entre amigos e conhecidos, do que à emissão – recepção impessoal, típica das velhas mídias" (Magoni; Miranda, 2018, p. 190).

Do ponto de vista da participação do público, quando nos referimos ao meio televisivo, é possível mapear pontos de encontro entre o conceito de mídia conversacional e a prática adotada entre os telespectadores e a emissora. Um deles é a confiança que se fortalece à medida que os espaços para diálogo abrem-se em ambas as pontas. Essa ideia é reafirmada por Lemos (2011), quando o autor cita que "a nova prática do jornalismo é mais um exemplo que ilustra a ampliação da conversação aplicada a uma dimensão mais local, permitindo maior engajamento comunitário e político" (Lemos, 2011 *apud* Magoni; Miranda, 2018, p. 190).

2.1 DEFINIÇÃO DOS CONCEITOS DE INTERAÇÃO, INTERATIVIDADE E PARTICIPAÇÃO

Com a participação ampliada do público, é importante apresentar as diferenças entre os conceitos de interação, interatividade e participação.

Em 2009, Jenkins propôs uma definição para interatividade e participação.

> A interatividade refere-se ao modo como as novas tecnologias foram planejadas para responder ao *feedback* do consumidor. [...] A participação, por outro lado, é moldada pelos protocolos culturais e sociais. A participação é mais ilimitada, menos controlada pelos produtores de mídia e mais controlada pelos consumidores de mídia. Permitir aos consumidores interagir com as mídias sob circunstâncias controladas é uma coisa; permitir que participem na produção e distribuição de bens culturais – seguindo as próprias regras – é totalmente outra (Jenkins, 2009, p. 189).

A interação, por sua vez, é investigada no campo da comunicação como um processo em que as respostas são dadas a partir de um estímulo, sendo, portanto, considerada uma reação de quem responde (Pereira, 2014). Com base em uma revisão teórica realizada pela autora, é possível identificar que a interatividade se dá por meio de um processo interpessoal, além de ser "viabilizada por determinada configuração tecnológica" (Mielniczuk, 2004 *apud* Pereira, 2014, p. 50).

Os pesquisadores brasileiros Alex Primo e Márcio Cassol, ainda em 1999, se preocuparam em explorar o conceito de interatividade e fazer uma revisão das propostas que eram estudadas na época e que continuam em discussão. No artigo "Explorando o conceito de interatividade: definições e taxonomias" (Primo; Cassol, 1999), uma das perguntas feitas era se interfaces que restringiam a participação do público em responder apenas "sim" ou "não" e escolher uma ou outra alternativa estavam de fato promovendo a interatividade. A dúvida se dava pelo fato de que, para o espectador, não havia possibilidade de alternativa diferente daquelas propostas que pudessem fazer sentido, mesmo que não se identificasse com nenhuma das opções propostas pelo veículo de comunicação. É por isso que Primo e Cassol recorrem à definição de reatividade, proposta por Machado (1990) para definir esse movimento, sendo interpretada como uma espécie de reação a determinado estímulo, mas sem possibilidade de avanço nas escolhas ou na argumentação.

Os autores também trazem à luz da discussão a proposta de André Lemos (1997), que delimita o processo como ações entre homem e máquina. Desta forma, Lemos utiliza a evolução tecnológica da televisão para classificar os níveis de interação e pontuar em que momento a interatividade passa a ser percebida em programas televisivos.

> Primeiramente, chama-se de interação nível zero o estágio em que a televisão expõe imagens em preto e branco e dispõe de um ou dois canais. A ação do espectador resume-se a ligar e desligar o aparelho, regular o volume, brilho e contraste, e trocar de um canal para o outro. Depois, no nível 1, a televisão ganha cores, maior número de emissoras e controle remoto – *zapping* vem anteceder a navegação contemporânea na *web*. Ele facilita o controle que o telespectador tem sobre o aparelho, mas, ao mesmo tempo, o prende ainda mais à televisão. No nível 2 de interação, alguns equipamentos periféricos vêm acopiar-se à televisão, como o videocassete (...). No nível 3 já aparecem sinais de interatividade de características digitais. O telespectador pode então interferir no conteúdo a partir de telefones (como o programa Você Decide), por fax ou correio eletrônico. Finalmente, no nível 4 é o estágio da chamada televisão interativa em que se pode participar do conteúdo a

partir da rede telemática em tempo real, escolhendo ângulos de câmera, diferentes encaminhamentos das informações, etc. (Lemos, 1997 *apud* Primo; Cassol, 1999, p. 67).

Outros três níveis de interatividade são propostos por Montez e Becker (2005) para complementar a definição de Lemos.

> Nível 5: o telespectador pode ter uma presença mais efetiva no conteúdo, saindo da restrição de apenas escolher as opções definidas pelo transmissor. Passa a existir a opção de participar da programação enviando vídeo de baixa qualidade, que pode ser originado por intermédio de uma *webcam* ou filmadora analógica. Para isso, torna-se necessário um canal de retorno ligando o telespectador à emissora, chamado de canal de interação.
>
> Nível 6: a largura de banda desse canal aumenta, oferecendo a possibilidade de envio de vídeo de alta qualidade, semelhante ao transmitido pela emissora. Dessa forma, a interatividade chega a um nível muito superior à simples reatividade, como caracterizado no nível quatro, de (Lemos, 1997). Nível 7: neste nível, a interatividade plena é atingida. O telespectador passa a se confundir com o transmissor, podendo gerar conteúdo. Esse nível é semelhante ao que acontece na internet hoje, onde qualquer pessoa pode publicar um site, bastando ter as ferramentas adequadas. O telespectador pode produzir programas e enviá-los à emissora, rompendo o monopólio da produção e veiculação das tradicionais redes de televisão que conhecemos hoje (Montez; Becker, 2005, p. 36).

Um adendo nesta discussão se faz necessário: repare-se que os próprios autores, ao definirem os conceitos de interação e interatividade, acabam por mesclar os dois processos, usando, inclusive, um termo como similar ao outro.

Entende-se a interatividade muito mais relacionada aos processos tecnológicos que possibilitam a interação. Sendo que a interação, por sua vez, gera uma ação sobre os dois extremos envolvidos. Já a participação se dá quando o público (no caso, o telespectador) consegue, além de sugerir e opinar, enviar conteúdo próprio, produzido por ele e que será usado na programação, com qualidade similar à que seria captada pelos equipamentos técnicos da TV, por exemplo.

Quem também contribui na discussão do tema é o pesquisador brasileiro Cajazeira (2020), que apresenta um histórico no processo de participação e interação no telejornalismo. Segundo o autor, "a internet trouxe diversos benefícios para a comunicação e ainda possibilitou a participação e a interatividade do meio de comunicação com o consumidor de notícias" (Cajazeira, 2020, p. 244). É justamente por entender a importância da participação do público que as emissoras de TV investem em estratégias de interação. As formas ofertadas para contato entre emissora e público são diversas, incluindo desde os tradicionais "fale conosco" até aplicativos e redes sociais. Para Cajazeira (2020), são três as principais formas de interação: direta, indireta e simultânea, sendo que a direta se divide em duas: a) "fale conosco" e b) redes sociais.

O "fale conosco" é normalmente oportunizado por um e-mail disponível nos sites dos veículos e aceita qualquer tipo de mensagem (crítica, sugestão, dúvida). Já as redes sociais são consideradas uma maneira para estreitar a relação entre o público e o veículo de comunicação por meio de interações em formatos de comentários, por exemplo, uma vez que há uma moderação por parte de um profissional autorizado pelo veículo.

A participação *indireta* ocorre quando o público compartilha conteúdos produzidos pelo veículo de comunicação em diferentes ciberespaços, como redes sociais ou aplicativos de mensagens espontâneas. Por fim, a participação simultânea se dá quando o público participa durante a transmissão, seja o programa ao vivo, seja gravado. "O emissor (TV) converge os conteúdos na plataforma das redes sociais e possibilita ao receptor agir como um emissor, caso partilhe e interaja com o conteúdo" (Cajazeira, 2020, p. 247).

Com a interação por meio do WhatsApp, que é objeto de estudo neste livro, sugere-se uma junção das interações proporcionadas de forma *direta*, principalmente na linha B (redes sociais), com a *simultânea*.

Primeiramente, é necessário enfatizar que não consideramos o WhatsApp do *Balanço Geral* uma rede social, e sim um aplicativo para comunicação instantânea, já que as redes sociais pressupõem o fato de que aquela é uma conversa aberta, desde o início, pelo menos para um grupo restrito de pessoas. Isso não ocorre com o WhatsApp do *Balanço Geral*, já que a mensagem enviada pelo telespectador para a produção do programa não está pública aos demais telespectadores. Isso ocorre apenas após a mediação, quando a produção opta por exibir a mensagem durante o telejornal. Porém, há outros pontos que se assemelham na definição proposta, como o fato de a mediação ser realizada por um profissional designado pela emissora e que o canal (WhatsApp) possibilita estreitar relações entre as duas esferas. Já a definição para a interação simultânea aplica-se, principalmente, porque inclui a participação do público com o programa sendo exibido ao vivo, como é o caso do telejornal.

Para Cajazeira (2020), a participação é definida com base naquilo que o público envia, no conteúdo produzido e disponibilizado para o veículo de comunicação, que, neste caso, pode ser opinião, sugestão, mas também pode ser uma pré-apuração de um fato, um registro em vídeo ou foto, feitos pelo telespectador.

Quem também nos conduz no processo de compreensão sobre a participação do público é Cristiane Finger, que tensiona a discussão de que o público atualmente busca por conteúdos e espaço específicos e que atendam aos seus desejos: "O público nômade busca o conteúdo em si" (Finger, 2019, p. 111). Para a autora, com o protagonismo possibilitado pela internet, o público entendeu que a participação não se restringe apenas ao *like* ou *dislike* (Finger, 2019). É possível ir muito além na participação, influenciando, inclusive, nas pautas. "Se antes a televisão dizia sobre o que falar, hoje são os usuários do Facebook, do Twitter e dos grupos de WhatsApp que influenciam as pautas dos telejornais" (Finger, 2019, p. 112).

Com o avanço nas possibilidades de participação, é urgente entender as apropriações que o público faz desses espaços, como ele absorve (ou não) e se relaciona com conteúdos gerados por outros telespectadores.

Em 2014, Emerim trouxe inquietações que ainda precisam ser leva-das em consideração nesse contexto de interação e convergência na TV aberta. Segundo a autora, a possibilidade de escolhas e o acesso facilitado à informação por outros meios acarreta uma constante insatisfação por parte do público. A pesquisadora aponta três pistas para o que pode ser a causa desse sentimento:

> 1) Está produzindo conteúdos defasados da realidade de um público que tem acesso "irrestrito" via uma comunicação horizontal, a internet e as redes sociais – não se supera o imediatismo destes modelos e plataformas; 2) mudaram e cresceram as expectativas desse público/receptor/consumi-dor e produtor [...] 3) muito recentemente, passou a preocu-par-se, efetivamente, com o público telespectador, quer seja para produzir de forma direcionada ou para potencializar

as características diferenciais da televisão aberta para visar um público distinto (Emerim, 2014, p. 17).

Para Emerim (2014), é inconcebível a possibilidade de se pensar audiência convergente sem que esteja associada a mudanças na estrutura produtiva da televisão. A adaptação nos formatos de produção e formas de oferecer espaço para a participação do público ocorre diariamente, porém a dificuldade em mensurar o quanto as novidades agradam e vão ao encontro dos anseios do público é outro desafio enfrentado por quem faz televisão. Isso porque nem sempre o telespectador responde ou manifesta satisfação; e, por vezes, a insatisfação é medida por queda nos números da audiência.

2.2 UM HISTÓRICO DOS MODOS DE PARTICIPAÇÃO DO PÚBLICO NA TELEVISÃO ABERTA BRASILEIRA

Antes de falar sobre a participação do público na televisão, é preciso reconhecer que o leitor[5], ou o ouvinte, desde muito antes da popularização da TV, mantinha relação com veículos de comunicação. Apesar de o estudo sobre o histórico de participação dos leitores nos veículos impressos ainda ser de pouca tradição no Brasil e estar em desenvolvimento, é possível afirmar que, a partir de 1960, os jornais passaram a observar com mais atenção esse fenômeno. A ideia da comunicação como um valor, desenvolvida justamente na década de 1960, trouxe consigo as "cartas do leitor" como um processo editorial. Há na comunicação duras críticas a esse modelo adotado pelo jornalismo de dar espaço para o que diz o leitor em locais delimitados dentro do jornal. Del Vecchio de Lima, Fernandes e Costa (2019) fazem uma revisão teórica sobre o assunto e apontam o resultado de análises indicando que esses espaços são pouco prestigiados e que as cartas passam por diversas edições, em que o jornalista seleciona aquilo que ele considera mais importante, por vezes, tirando parágrafos do contexto em que havia sido proposto pelo leitor. Acredita-se que, a partir de 1995, com a expansão da internet e da produção de conteúdo jornalístico específico para o digital, a opinião do receptor e o que ele produz assumem um papel de maior relevância na imprensa.

---

[5] A participação do leitor em veículos tradicionais impressos, como jornais e revistas, e de ouvintes em programas de rádio não é objeto de estudo neste livro. Vale destacar que, durante este estudo, percebemos, inclusive, que a participação de leitores em mídias tradicionais tem pouca tradição em estudos no Brasil. Por isso, a construção de um histórico sobre a participação em veículos impressos pode ser tema de uma pesquisa voltada especificamente a esse objetivo. Neste livro, temos como objeto a participação do público na televisão.

É também Del Vecchio de Lima, Fernandes e Costa (2019) que apontam outro motivo pelo qual, na segunda metade do século XIX, as cartas dos leitores começam a ganhar espaço: a necessidade de formação de um público leitor. As cartas foram por muitos anos a forma como o leitor ou ouvinte poderia comunicar-se, tanto com jornais impressos e revistas quanto com programas de rádio e televisão. Com a popularização do telefone, esse contato, principalmente no rádio, passou a ser também por meio de ligação, em que o próprio ouvinte fazia as suas solicitações, por vezes relacionadas a pedidos de música, ou para comunicados importantes e com um destinatário definido. Até os dias de hoje, em emissoras de rádio populares e de cidades do interior, é comum o horário destinado aos avisos da comunidade, em que um ouvinte "avisa" o outro sobre temas que interessam apenas aos dois, ou a uma comunidade específica.

Na prática, o que se percebe é uma evolução nos modos de participação do público ao invés da extinção dos mais antigos. Ainda hoje, as pessoas enviam cartas e ligam para os veículos de comunicação. Claro, em menor quantidade do que a participação por aplicativos de mensagem instantânea, porém a finalidade é a mesma: dialogar com o jornal, sugerir pautas, opinar, interagir e participar da programação.

Ainda durante o estado da arte desta pesquisa, encontramos artigo publicado por Pinheiro e Monteiro (2012), que traça a linha do tempo sobre os modelos de participação do público na televisão aberta brasileira, passando também por programas de auditórios, cartas e telefonemas, chegando à fase da TV conectada.

O programa *Você Decide* é descrito em livros e artigos (Kogut; Millen 2017; Zierhut; Fernandes, 2015; Lemos, 2019) como um marco dos processos de interação em programas de televisão brasileiros, em que o público poderia interferir diretamente na programação por meio de uma ligação telefônica. Não que esse seja o primeiro programa a proporcionar interação. Em artigo publicado nos anais do Intercom de 2015, é possível encontrar uma linha do tempo com programas que praticaram a interação com o seu público. Os autores Zierhut e Fernandes (2015) apontam que os primeiros programas de auditório exibidos na televisão brasileira promoviam a interação ao solicitar a participação do público em quadros específicos. Mais tarde, vieram as participações por cartas e ligações telefônicas antes do modelo que conhecemos hoje, que é a interação por meio de redes sociais, aplicativos, sites dos próprios programas e, muitas vezes, em tempo real.

Quadro 1 – Programas da Rede Globo que incentivaram a participação do público

Ano	Nome do programa	Forma de participação
1965	Programa Silvio Santos	Participação do público no quadro Show de Calouros.
1965	Tevefone	Similar aos programas de rádio, o público ligava e pedia músicas.
1966	Dercy Espetacular	As pessoas tinham os desejos atendidos no quadro Consultório Sentimental.
1967	Chacrinha	Distribuía brindes para a plateia e fazia quadro de calouros.
1986	Xou da Xuxa	A apresentadora tinha um espaço específico no programa para a leitura de cartas enviadas pelos telespectadores, a maioria crianças.
1992	Você Decide	O público votava para escolher o final da história que estava sendo exibida.

Fonte: Zierhut e Fernandes (2015, p. 8)

Além do *Você Decide*, na década de 1990, outros programas também passaram a utilizar o telefone para interagir com o público, somando-se às já tradicionais cartas. No SBT, o programa *Fantasia*[6] disponibilizava um número de telefone 0900 (havia cobrança pela ligação) para o qual as pessoas ligavam para participar de gincanas e ganhar prêmios em dinheiro. Na mesma linha, mas para o público infantil, o SBT tinha o *Bom Dia & Cia*, que, apesar de ter estreado na década de 1990, promovendo atividades que poderiam ser copiadas pelas crianças em casa, foi nos anos 2000 que iniciou com os primeiros indícios de interação. Além de ler as cartas enviadas pelas crianças, o programa lançou o quadro "Clubinho do Bom Dia & Cia"[7], em que a apresentadora exibia a foto das crianças que haviam enviado carta para o programa em um telão. Desde a década de 1990 até os dias atuais, a televisão aberta brasileira permanece investindo em formas que incentivam a participação do público. Podemos citar como exemplo os programas de auditório *Domingo da Gente* e *Show da Gente*, apresentados por Netinho de Paula, primeiro na Record e depois no SBT, respectivamente, em que o público enviava cartas para o programa contando a história de vida e pedia para realizar sonhos; o *Programa do Gugu* e o *Programa Silvio Santos*.

---

6   O programa pode ser visto no link: https://www.youtube.com/watch?v=VtjycJc4_nY.

7   O quadro pode ser assistido no link: https://www.youtube.com/watch?v=GOtwalpViOE.

O programa *Você Decide*[8], um marco nas relações de interação na TV, ficou no ar durante oito anos, tendo exibido 323 histórias até o dia 17 de agosto de 2000. A vinheta de abertura exibia vários modelos de aparelhos de telefone, equipamento que, na época, representava o processo interativo. Por meio de um painel eletrônico, os votos eram contabilizados. Havia, durante o programa, participações ao vivo de diversas cidades brasileiras, onde as emissoras afiliadas à Rede Globo exibiam o programa. O público frequentava esses espaços para assistir à trama e aguardava pelo desfecho.

Figura 1 – Captura de tela do primeiro programa *Você Decide*, que foi ao ar dia 8 de abril de 1992 e teve a apresentação de Antonio Fagundes[9]

VOCÊ DECIDE (1992) - estreia com Antonio Fagundes

Fonte: Canal Youtube Baú da TV

Em termos de interatividade, nos primeiros anos do formato, um apresentador em estúdio, ao vivo, fazia a abertura e o encerramento de cada bloco do episódio e dava os números de telefone referentes às duas escolhas de finais possíveis para

---

[8] O programa pode ser assistido no link: https://www.youtube.com/watch?v=TrAc34Bkk8Q.
[9] Além de Antonio Fagundes, apresentaram o programa: Walmor Chagas, Tony Ramos, Lima Duarte, Raul Cortez, Carolina Ferraz, Luciano Szafir, Cissa Guimarães, Renata Ceribelli e Celso Freitas (Kogut, 2017).

a história que estava sendo contada. Placares computavam os votos em tempo real e as ligações eram gratuitas. Já num segundo momento, o Você Decide passou a oferecer três opções de desenlace para o espectador escolher. As histórias, diferentes a cada semana, retratavam "um dilema ético e moral, como incesto, aborto, eutanásia, corrupção, relações familiares, assédio sexual, machismo, traição, justiça e sexo na adolescência" (MEMÓRIA GLOBO, s/d). O programa foi exportado para Portugal, Estados Unidos, Espanha, Suécia, Itália e outros, tanto na versão brasileira na íntegra quanto apenas o formato (Lemos, 2019, p. 4).

Depois desse formato, outros programas de entretenimento utilizaram recursos semelhantes para promover a interatividade entre telespectadores e emissoras de TV.

Quando falamos em interatividade no telejornalismo brasileiro, Kneipp e Cunha (2012) relatam o que seria a primeira experiência em televisão aberta. Segundo as pesquisadoras, em agosto de 2010, a TV Integração, afiliada da Rede Globo em Uberlândia, Minas Gerais, apresentou aos telespectadores um aplicativo utilizando as tecnologias disponíveis no *middleware*[10] e Ginga[11], que era usado pelo telejornal Minas Gerais TV. Estavam disponíveis para o telespectador: previsão do tempo, vagas de emprego, notícias e enquete. O aplicativo poderia ser usado por telespectadores com acesso à TV digital e que estivessem conectados com a internet. Em 2008, a empresa HXD Interactive Television criou um sistema para a Rede Bandeirantes, pelo qual o usuário poderia responder perguntas a respeito das eleições daquele ano (Kneipp; Cunha, 2012).

A conclusão do artigo na época era de que a televisão brasileira dava os primeiros passos no caminho da interatividade. Apesar de permitir que o telespectador tivesse acesso a outros conteúdos além daqueles que estavam sendo exibidos, ainda não era possível que ele pudesse comentar, enviar

---

[10] *Middleware* é o neologismo criado para designar camadas de *software* que não constituem diretamente aplicações, mas que facilitam o uso de ambientes ricos em tecnologia da informação. A camada de *middleware* concentra serviços como identificação, autenticação, autorização, diretórios, certificados digitais e outras ferramentas para segurança. Aplicações tradicionais implementam vários desses serviços, tratados de forma independente por cada uma delas. As aplicações modernas, no entanto, delegam e centralizam esses serviços na camada de *middleware*. Ou seja, o *middleware* serve como elemento que aglutina e dá coerência a um conjunto de aplicações e ambientes (Kneipp; Cunha, 2012).

[11] O nome Ginga faz uma referência ao movimento e à atitude que os brasileiros possuem e que é a marca registrada desse povo. O nome surgiu de um movimento da capoeira, pois faz uma analogia à forma de o brasileiro lutar por liberdade e igualdade (Soares, 2009 *apud* Kneipp; Cunha, 2012).

sugestões respondendo sobre aquele tema em tempo real, ou seja, não existia um caminho de retorno da mensagem no sentido telespectador-emissora.

Como veremos adiante, foi mais ou menos nesse mesmo período que a NDTV Joinville iniciou os testes para oferecer mais um canal de interatividade com público, dessa vez, em busca das mensagens instantâneas.

2.3 BALANÇO GERAL JOINVILLE

O *Balanço Geral Joinville*[12] é um telejornal da NDTV que pertence ao Grupo ND em Santa Catarina. A emissora é afiliada à Record TV. O telejornal é produzido e transmitido de Joinville para os municípios que integram as regiões Norte, Nordeste e Planalto Norte do estado. A programação local é de segunda a sexta-feira, das 11h50 às 13h15. Especificamente aos sábados, o programa é apresentado direto da capital de Santa Catarina para todo o estado e tem participação de repórteres das praças[13], incluindo Joinville.

O nome Grupo ND é relativamente novo, visto que, até o final do ano de 2019, a empresa, que é de propriedade da família Petrelli, se chamava Grupo RIC no Paraná e em Santa Catarina – além disso, a administração era interligada. Porém, após a separação das duas empresas, em Santa Catarina, passou a se chamar Grupo ND, que, em Joinville, engloba a NDTV, a rádio NDFM e o portal NDMais. A NDTV tem o maior tempo de programação local entre as emissoras de Joinville. A programação se inicia às 11h50, com o *Balanço Geral Joinville*, continua com o programa *Tribuna do Povo* – de cunho policial e comunitário – e se encerra, às 15h, com o *Ver Mais*, uma revista eletrônica que aborda variedades.

As mudanças de nomenclatura não são raras na emissora. Antes da inauguração da então RICTV Record no ano 2000, a empresa era afiliada ao SBT e se chamava SCC SBT. Na época, o principal telejornal se chamava *Jornal do Meio-Dia*. Foi apenas em 2017 que o telejornal passou a se chamar *Balanço Geral*, seguindo uma tendência das emissoras afiliadas à Record TV que utilizam o mesmo nome para os jornais que vão ao ar no horário do almoço. Com essas mudanças, não é raro ouvir os telespectadores se referirem ao telejornal como *Balanço Geral da RICTV*.

---

[12] As informações incluídas aqui fazem parte do conhecimento adquirido pela pesquisadora durante os anos em que trabalhou na emissora, foram adquiridas por meio de entrevistas não estruturadas e, mesmo não estando publicadas oficialmente em livros, fazem parte do histórico da emissora.

[13] Assim são denominadas as emissoras que ficam localizadas em cidades onde não é a sede da emissora. Para a sede, o jornalismo utiliza também o termo "cabeça de rede".

Desde a inauguração, a direção identifica a emissora como um veículo de comunicação que faz jornalismo comunitário e que está próximo da comunidade. No próprio site do *Balanço Geral Joinville*[14], em que fala sobre o programa, é possível perceber esse viés quando a emissora se identifica como produtora de jornalismo voltado para Joinville e a região – com informação com sotaque e relevante para os moradores de cada município.

O telejornal tem cinco blocos e é apresentado pela jornalista Sabrina Aguiar, com participações da comentarista esportiva Drika Evarini, além dos repórteres da emissora que fazem as participações ao vivo em externas e direto da redação.

Em março de 2022, a NDTV contratou o Instituto Mapa para a realização de pesquisa de audiência. O resultado foi entregue aos anunciantes e clientes da emissora, e nessa pesquisa tivemos acesso aos números. Em Joinville, local de referência para a realização desta pesquisa, foram entrevistadas 2.420 pessoas na semana entre os dias 21 e 25 de março. Desse montante, 999 estavam com a TV ligada no momento em que atenderam à ligação, com um *share*[15] de audiência de 32,7% para a NDTV, de segunda a sexta-feira, entre 8h e 23h. Considerando a audiência por faixa de horário, entre 12h e 13h, horário em que está no ar o telejornal *Balanço Geral*, o Instituto Mapa aponta índice de audiência de 43,1% para a NDTV Record e 32,4% para a principal concorrente que, no mesmo horário, também exibe um telejornal regional.

Em meados de julho de 2022, a emissora concorrente da NDTV Record, também divulgou uma campanha publicitária e distribuiu conteúdo afirmando ser a líder absoluta em audiência. Porém, os números não foram amplamente divulgados. Para um dos sites que acompanha a mídia em Santa Catarina, a emissora afirmou que divulga dados genéricos, atestados pelo Kantar Ibope e que os dados seriam apresentados para agências e anunciantes.

Em contexto histórico, econômico e social, são necessários alguns esclarecimentos sobre a localização onde este estudo foi desenvolvido e o público que o telejornal *Balanço Geral Joinville* alcança.

Joinville é um município com 173 anos, completados no dia 9 de março de 2024, que se destaca por estar no pequeno grupo de municípios brasileiros em que a população é maior do que a da capital. O censo feito pelo Instituto Brasileiro de Geografia e Estatística (IBGE), em 2022, apontou que Joinville

---

[14] O site pode ser acessado no link: ndmais.com.br/tag/balanco-geral-joinville/.

[15] Parcela de participação de determinado site, marca ou produto diante do total medido. Neste caso, a quantidade de aparelhos sintonizados em determinado canal.

tem 616.317 mil habitantes. O último levantamento referente ao produto interno bruto (PIB) divulgado pelo IBGE levou em consideração dados de 2021 e colocou Joinville (R$ 45 bilhões) como a segunda cidade mais rica de Santa Catarina e entre as 30 com o maior PIB do Brasil. Isso representa um PIB *per capita* de R$ 74.531,62. Mesmo assim, a média salarial da população, em 2021, foi de 2,9 salários mínimos e, em 2010, 26,5% da população viviam com renda mensal nominal de até meio salário mínimo. A partir desses dados e do histórico da cidade sobre a geração de emprego que concentra as vagas na indústria e na área de serviço, é possível afirmar que a distribuição de renda é desigual no município, havendo uma concentração de riquezas entre uma minoria. Consequentemente, a maior parte da população tende a sobreviver com salários menores, como apontado na pesquisa.

No quesito educação, os dados de 2010 indicavam que a taxa de escolarização de crianças e adolescentes entre 6 e 14 anos era de 97,3%. A nota do Índice de Desenvolvimento da Educação Básica (Ideb), referente a 2021, é de 6,7 para os anos iniciais do ensino fundamental e 5,6 para os anos finais. Em 2020, a cidade tinha 92.811 pessoas matriculadas nos ensinos fundamental e médio, sendo 199 escolas para esses níveis de formação no município.

2.4 A RELAÇÃO ESTABELECIDA ENTRE O PÚBLICO E O BALANÇO GERAL JOINVILLE A PARTIR DOS PROCESSOS DE INTERAÇÃO

A partir do início da operação da TV em Joinville, a NDTV se aproximou da comunidade por meio de quadros jornalísticos populares e por ter um perfil que tende a se relacionar com os conceitos de jornalismo comunitário e participativo (Traquina, 2005).

Como exemplo dessa parceria que a NDTV busca desenvolver com o telespectador, podemos citar os quadros "Meu Bairro é 10" e "Me Chama que eu Vou". O primeiro já teve pelo menos duas edições. Na primeira vez, contou a história de todos os bairros da cidade, a partir do ponto de vista e de informações de moradores que vivem nos bairros há muitos anos. Em momento algum houve gravação de *off*[16] do repórter. O material foi editado a partir da entrevista feita com um morador muito conhecido ou mais antigo da região que relacionava as mudanças, falava do crescimento, sempre com foco nas questões positivas, e encerrava a gravação com a frase: "Eu me chamo (nome da pessoa), moro no bairro (nome do bairro)

---

[16] É o texto que o repórter grava e é coberto com imagens.

há (quantos anos) e o meu bairro é 10". Na segunda edição, as reportagens seguiram o formato tradicional com *off* e passagem do repórter[17] e mostraram iniciativas que promoviam integração, atividades sociais, culturais e esportivas nos bairros.

Já o "Me Chama que eu Vou" é voltado para a produção de reportagens com a comunidade, mostra problemas, dá voz aos moradores para que cobrem soluções e contempla curiosidades, como uma batata gigante colhida por um joinvilense, ou ainda exemplos de ações solidárias da comunidade. Dessa forma, o quadro é exibido praticamente todos os dias.

Outro quadro que, segundo a produção do programa, fazia muito sucesso entre o público antes da utilização do WhatsApp era o Tele-Mural. Neste quadro, a população ligava para a emissora e fazia a gravação da mensagem que ela gostaria que fosse ao ar. O quadro se popularizou e foi utilizado por pessoas que precisavam de doações, queriam comprar ou vender algum produto ou ainda por quem buscava relacionamento. Diariamente, um técnico da TV ouvia as mensagens e fazia a seleção das que iriam ao ar. A partir disso, montava uma frase curta resumindo o que a pessoa falava na mensagem e o número de telefone que era informado pelo telespectador para a divulgação. Por exemplo: "Preciso de doação de cadeira de rodas. Meu telefone é 99999-9999". Com um programa de edição, era colocado o áudio referente àquela mensagem. Normalmente, quatro ou cinco mensagens eram exibidas por dia, com duração média de 1 minuto e 30 segundos. A gerente de jornalismo da emissora e uma das responsáveis pela criação do Tele-Mural, Drica Fermiano (2022), conta que, como a emissora está em um complexo de prédios empresariais, quando o Tele-Mural foi lançado, era comum as linhas telefônicas do complexo ficarem congestionadas devido à quantidade de ligações recebidas.

Por volta do ano de 2011, a equipe técnica da emissora NDTV Joinville fez a primeira tentativa de encontrar uma forma para que a TV pudesse receber comentários dos telespectadores. Em uma conversa que tive com o gerente técnico Haroldo Lazarda, ele explicou que utilizou um *software* chamado *Bluestacks,* que serve como emulador de celular no computador. Na prática, era como se o computador assimilasse que poderia receber as mensagens como se fosse um celular. Por algumas vezes, a emissora che-

---

[17] Gravação feita pelo repórter no local do acontecimento, com informações, para ser usada no meio da matéria. A passagem reforça a presença do repórter no assunto que ele está cobrindo e, portanto, deve ser gravada no desenrolar do acontecimento (Paternostro, 1999).

gou a fazer testes com comentários enviados pelo público no Facebook do programa.

Porém, foi com a plataforma WhatsTV, desenvolvida por uma empresa joinvilense de comunicação, que foi possível "abrir" caminho para a via telespectador-emissora (aquela que anteriormente vimos ser um dos desejos em Minas Gerais).

Até onde conseguimos pesquisar, a NDTV foi a primeira emissora de televisão do Sul do Brasil a utilizar o aplicativo de mensagens instantâneas (WhatsApp) da forma como é usado, com exibição das mensagens enviadas pelo público quase que em tempo real. Esse modelo de participação iniciou-se em 2013. Não foi possível precisar a data, mesmo em contato com a emissora, o que seria um registro importante, para os estudos de recepção, fazer uma análise das primeiras mensagens exibidas.

Além de ser um canal de comunicação em que o telespectador poderia enviar sugestões de pauta, o WhatsApp também foi apresentado ao público como o meio pelo qual ele pode comentar os assuntos que estavam sendo exibidos, expor seu ponto de vista a respeito daquele assunto para o qual era convidado a opinar, ou de qualquer outro tema que entendesse ser relevante.

A partir de então, um novo marco na televisão regional catarinense começava a ser percebido. O telespectador, que já não era mais reconhecido como mero receptor, conquistava espaço, via a sua opinião ter relevância e tinha o direito de opinar, concordando ou não, com mais agilidade e facilidade. Já não era mais necessário sair da frente da TV para entrar em contato com os jornalistas. A segunda tela, que já fazia parte da rotina, passou a ser ferramenta para comunicação instantânea com os jornalistas responsáveis pelo que era produzido e ia ao ar nos programas da NDTV Record Joinville. É exatamente o que refletem Finger e Canatta (2012), quando afirmam que, com a popularização de outras telas, se rompeu as limitações impostas pela territorialidade ou pela distância. "Como nos anos 40 e 50, hoje voltamos a nos reunir para assistir televisão. Porém, agora, a sala de casa ficou maior. É uma ressignificação da presença" (Finger; Canatta, 2012, p. 384).

Jenkins também reforça essa integração proporcionada pelas mídias. "Um homem com uma máquina (uma TV) está condenado ao isolamento, mas um homem com duas máquinas (TV e computador) pode pertencer a uma comunidade" (Sella, 2002 *apud* Jenkins, 2009, p. 327).

No caso da NDTV Record Joinville, a conversa é mediada por um jornalista que recebe as mensagens pelo WhatsApp, faz edições para diminuir o texto e corrigir questões ortográficas e exibe a opinião do público. Essa interação atinge, inclusive, os telespectadores que estão assistindo ao programa, mas que optaram por não enviar mensagem. Ou seja, a informação ou opinião que chega para o telespectador em geral não é exclusivamente aquela que foi produzida pela equipe da emissora.

A NDTV Record Joinville utiliza o número (47) 98884-6107 para o WhatsApp da emissora. Por esse número, o público pode participar e enviar mensagens para todos os programas exibidos localmente. Na prática, para o público, é como se fosse uma conversa tradicional do WhatsApp: basta adicionar o contato e iniciar o bate-papo.

Já na TV, a estrutura é montada da seguinte forma: as mensagens são recebidas por meio de um aparelho celular que fica conectado à internet todos os dias, 24 horas. As mensagens que chegam pelo celular são enviadas automaticamente para dentro de um software chamado WhatsTV, que está instalado em um computador. Este computador, por sua vez, está conectado com os demais equipamentos, e, portanto, o que é visto nele pode ser exibido ao vivo, em tempo real, com o comando da equipe técnica.

Para quem olha o programa WhatsTV aberto na tela do computador, é como se estivesse vendo a tela do Web WhatsApp. A diferença é que, quando o jornalista que está recebendo as mensagens clicar em uma delas, abre uma tela de edição de texto, na qual é possível fazer alterações no texto enviado pelo público. Normalmente, o objetivo da edição é deixar o texto menor, com o limite de quatro ou cinco linhas e correção de questões ortográficas.

Segundo a gerente de jornalismo da NDTV Record Joinville, Drica Fermiano, que é jornalista por formação, não há alteração no sentido e na essência da mensagem enviada pelo telespectador. Após a edição, a mensagem é liberada para exibição. É possível editar várias mensagens e colocar texto e foto ou vídeo juntos, na mesma tela. Assim, quando há imagem, a frase é menor, com o máximo duas linhas, mas serve como uma legenda do assunto. No canto superior esquerdo (para quem está assistindo), aparecem o nome e a foto do telespectador que enviou a mensagem. Caso ele tenha informado o bairro, o jornalista também pode editar essa informação, e ela aparecerá na tela. Todas as mensagens já editadas ficam em uma espécie de fila de exibição, sendo possível editar outras mensagens enquanto aquelas aguardam para serem exibidas. Esse computador fica dentro da *switcher*[18].

---

[18] É a sala de controle onde ficam o diretor de TV, o sonoplasta e o editor-chefe do telejornal quando este está no ar (Paternostro, 1999, p. 151).

Além de enviar as mensagens, o *software* WhatsTV oferece a possibilidade de fazer enquete. Normalmente, a NDTV faz uma pergunta e coloca duas opções de voto com as *hashtags* sim ou não, e a apresentadora pede que o telespectador envie junto o motivo daquele voto. O símbolo da *hashtag* é importante para que o voto seja contabilizado pelo sistema. Quando o jornal faz enquete, a apresentadora exibe várias vezes a parcial da votação e as opiniões favoráveis e contrárias. No último bloco, é divulgado o resultado, que pode ser acompanhado de uma reportagem explicando sobre o assunto discutido. Um diferencial que foi implantado no início do ano de 2023 é a possibilidade de usar *emoji*[19] junto da mensagem de texto. Na sequência, seguem algumas imagens para ilustrar ao leitor como ocorre a exibição das mensagens enviadas pelo público.

Figura 2 – Exemplo de como aparecem as informações na tela quando a apresentadora convida o público para enviar mensagem pelo WhatsApp

Fonte: a autora. 30/09/2022

---

[19] São desenhos usados para representar uma palavra, uma ação ou um sentimento.

Figura 3 – Exemplo de como a mensagem do telespectador aparece no telão e como é o enquadramento inicial, com a apresentadora aparecendo também

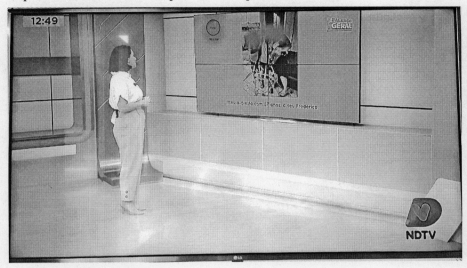

Fonte: a autora. 30/09/2022

Figura 4 – Enquadramento em que a apresentadora aparece lendo a mensagem no telão

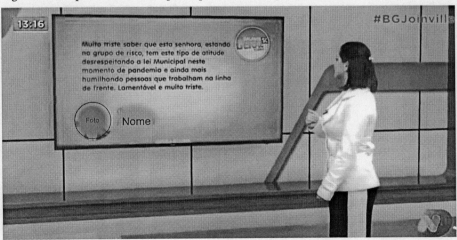

Fonte: a autora. 07/2020

Figura 5 – Exemplo de mensagem[20] que utiliza *emoji* junto ao texto

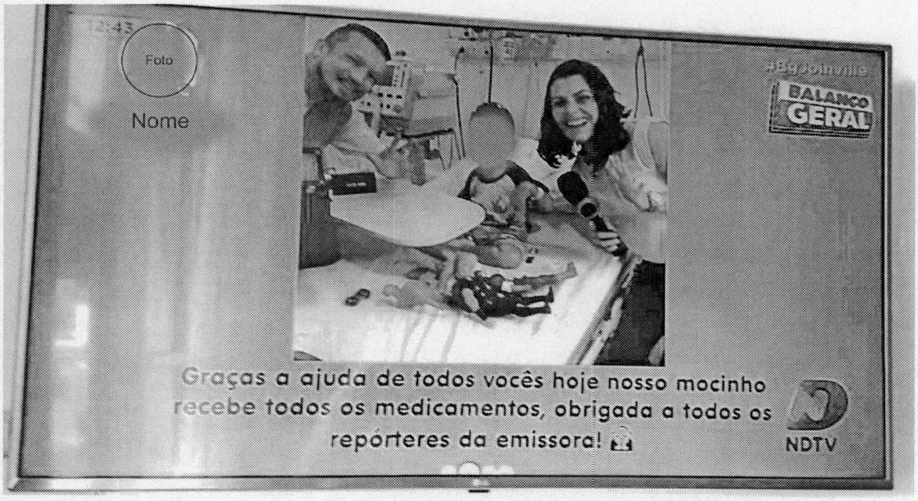

Fonte: a autora. 16/02/2023

François Jost (2010) debate sobre a autonomia do telespectador com a convergência digital e as diversas possibilidades que ele tem diante de aparelhos eletrônicos que são instrumentos facilitadores do processo de conversação proposto num cenário de uma mídia local e aberta à participação do público.

> O telefone, a televisão e o computador não são mais objetos delimitados por fronteiras intransponíveis, com usos claramente distintos. Nesse contexto, torna-se algumas vezes difícil saber a qual desses meios deve-se reservar o nome televisão: certamente a tela que reina ainda na sala de estar parece merecer mais que os outros esse título (Jost, 2010, p. 56).

Cannito (2009) lembra que a TV sempre teve essa necessidade de interação desde a implantação no Brasil, com intuito de manter a audiência, fidelizar o telespectador e ter relevância na sociedade, visto que, na chegada da TV ao Brasil, o veículo que estava nos lares das pessoas era o rádio. De certa forma, a TV precisava mostrar-se necessária e relevante para conquistar

---

[20] A mensagem foi enviada no dia em que é comemorado o Dia do Repórter. Nessa mesma data, vários telespectadores aproveitaram para enviar fotos que fizeram com os repórteres da emissora e parabenizá-los pelo dia. Escolhemos essa por ser um exemplo de como os telespectadores reconhecem a ajuda da emissora em soluções de problemas do dia a dia. Em outra mensagem, o telespectador agradeceu por terem resolvido o problema na rua dele, contando que, um dia após a reportagem, fizeram o asfalto no local. Obra de infraestrutura que exige planejamento para a execução, ou seja, não é possível afirmar que a melhoria foi feita em consequência da exibição.

o seu espaço. Para o autor, com a possibilidade de interação nos moldes que vemos atualmente, o telespectador tem a sensação de que "comanda um jogo".

> Esta interferência direta causa no espectador a impressão de que ele está no comando de um jogo. A televisão buscava criar essa sensação já nos seus primórdios, e hoje a interatividade do ambiente digital ajuda a potencializá-la. Ou seja, a interatividade do digital ajuda a efetivar o caráter da televisão (Cannito, 2009, p. 150).

Outro conceito que pode ser usado para definir esse momento da televisão com mais possibilidade de interação no Brasil é o de TV Social, que surgiu justamente a partir dos anos 2000, sendo explorado, inclusive, por outras áreas além da Comunicação, como as Engenharias.

> No campo da Comunicação, portanto, a ideia de TV Social está vinculada ao hábito de os telespectadores utilizarem as redes sociais on-line enquanto assistem à televisão para fazer comentários sobre o que está sendo exibido, em tempo real, utilizando dispositivos digitais móveis como *smartphones*, celulares e *tablets*. [...] Essa prática tem sido incentivada pelos próprios programas televisivos que exibem na tela da TV durante sua transmissão a *hashtag* da atração, estimulando a prática de integração na internet (Almeida, 2020, p. 57).

A professora e pesquisadora Yvana Fechine (2017) fez uma revisão teórica do conceito e concluiu que, para definir a TV Social, é necessário observar três situações:

> 1) é um tipo de conversação em rede, nos termos aqui descritos (prioritariamente quando a conversação ocorre a partir de algo ou conteúdo televisivo; 2) envolve plataformas/tecnologias digitais interativas; 3) é um tipo de estratégia de produção que explora a articulação entre TV e internet com objetivos mercadológicos (Fechine, 2017, p. 95).

No caso deste estudo, não são as *hashtags* que são utilizadas para incentivar a participação do público, mas, sim, a divulgação do número de telefone do WhatsApp da emissora na tela e convites frequentes da apresentadora para que o público participe do telejornal, enviando comentários, opiniões e sugestões.

Em outras redes sociais, há a possibilidade de que o público converse entre si, sem mediação, ao utilizar a mesma *hashtag,* e encontre opiniões diferentes e convergentes. No caso analisado por nós, a mensagem se torna pública após a validação da produção do *Balanço Geral Joinville* e a veiculação durante o programa exibido ao vivo.

Almeida (2020) reforça que, nesse processo comunicacional, se constroem comunidades virtuais que debatem o mesmo tema. O que presenciamos no *Balanço Geral Joinville* é quase isso, com a ressalva de que não há contato direto entre os telespectadores, mas, por vezes, se percebe a criação de uma comunidade de discussão a respeito de um mesmo assunto, mediada pela emissora de TV. A partir dessa definição, a mediação pode interferir no aprofundamento do debate e no imediatismo com que os temas ganham relevância ou não. Isso porque, mesmo que haja um profissional lendo as mensagens que são enviadas durante a programação ao vivo, há uma seleção por parte desse profissional daquilo que, na opinião dele, de acordo com a própria construção social, cultural e formação, é mais ou menos relevante, merece ou não espaço televisivo para que o discurso seja amplificado pela TV, junto a uma audiência consolidada.

Ou seja, indícios da definição de uma TV Social também são encontrados na forma como hoje o telespectador se relaciona com o *Balanço Geral Joinville*, mesmo sob mediação. Neste caso, a televisão é o local de encontro dessa comunidade que discute temas apresentados pela emissora, construindo um grupo heterogêneo, mas, ao mesmo tempo, conectado por conceitos como proximidade, relevância e interesse.

Na rede social é diferente. O assunto está posto, aberto para que receba outras interações sem que alguém edite a mensagem ou, por vezes, a deixe no limbo, como se nunca tivesse sido compartilhada. Aliás, a necessidade de resposta, mesmo para as mensagens que não são exibidas, é um dos pedidos feitos pelos telespectadores que participaram deste estudo. Isso significa que o público busca muito mais a interação e a participação do que a interatividade, conforme as definições apresentadas anteriormente.

Essa análise foi possível a partir da observação e do acompanhamento de centenas de edições do *Balanço Geral Joinville*, como jornalista contratada pela emissora por, aproximadamente, dez anos, e no período em que a pesquisa foi desenvolvida, quando eu já não fazia mais parte do quadro de empregados da emissora. Mesmo sem trabalhar diretamente com televisão, mantenho a prática diária de acompanhar os telejornais locais exibidos em Joinville. Além disso, por manter contato com outros jornalistas que atuam em Joinville, o debate sobre os modos de participação do público acaba por fazer parte das conversas, resultando em questionamentos e pontos a serem analisados no decorrer deste livro.

3.

TELEJORNALISMO LOCAL E PARTICIPAÇÃO DO PÚBLICO

A tecnologia, a globalização e uma cultura participativa (Jenkins; Ford; Green, 2014) fazem com que, em poucos cliques, o leitor se atualize sobre os mais diversos assuntos. Mas a facilidade de acesso à informação globalizada não resultou na extinção da necessidade ou vontade de estar informado sobre aquilo que ocorre na sua cidade, a poucos metros de distância da própria residência.

A curiosidade por aquilo que é próximo e interfere diretamente na vida daquele grupo social dá fôlego para o que, na área da comunicação, está sob o escopo do jornalismo local.

Peruzzo (2005) contextualiza os estudos em mídia local. Segundo a autora, no Brasil, o tema passou a receber atenção do meio acadêmico a partir da década de 1990. Antes disso, na década de 1980, confundia-se com comunicação alternativa, popular ou comunitária. Mesmo com a concentração da produção em nível nacional, principalmente na época da ditadura militar (Peruzzo, 2005), a produção local sempre existiu, e, mesmo com tempo reduzido, boa parte do horário, ainda nos dias de hoje, é utilizado por noticiários.

As pesquisadoras Coutinho e Emerim auxiliam na compreensão desse conceito ao definir o telejornalismo local, que se configura como espaço de referência na sociedade.

> O telejornalismo local assim pode ser conceituado como o espaço para a prática e a experiência televisiva do que é próximo, para a vivência da cidade e da região na tela de TV. Sua realização dependeria da produção simbólica e do trabalho de jornalistas identificados com aquele espaço físico e social, imersos, visíveis e reconhecidos por moradores e cidadãos com os quais estabeleceriam vínculos afetivos e de pertencimento, o que se efetiva e constitui reconhecimento (Coutinho; Emerim, 2019, p. 34).

Para Pereira Júnior e Cerqueira (2019), esse lugar de referência que o telejornalismo ocupa faz com que ele se torne o local onde as pessoas encontram informações sobre o espaço onde a vida se efetiva. "Funciona também como espaço de orientação, de ajuda, quando instituições e poderes constituídos fracassam em suas tarefas" (Pereira Júnior; Cerqueira, 2019, p. 47). Além disso, quando a população tem espaço e abertura para sugerir pautas, o conteúdo jornalístico também recebe pressão social, não sendo possível que as pautas surjam apenas dentro das redações, mas que emergem da comunidade.

Em referência ao conteúdo generalista da televisão (Wolton, 1996), pode até causar certo estranhamento que, em sociedades individualistas, mas integradas e conectadas virtualmente, alinhadas aos seus interesses pessoais e corporativos, as diferentes culturas e classes demonstrem interesse pelo que diz respeito ao todo, quando falamos de proximidade territorial ou afetiva. Ao se dar conta desse processo, percebe-se que esses grupos, mesmo distintos em determinados temas de interesse, se identificam com o processo de se informar sobre aquilo que acontece localmente. Um dos motivos que justificaria esse movimento seria o fato de que, ao entrar para a agenda midiática, o tema ganha relevância e se legitima como algo de interesse social (Coutinho; Emerim, 2019). Quando falamos em televisão aberta, a abrangência proporcionada pelo veículo faz com que o alcance de diferentes públicos também seja maior.

No Brasil, desde o início da implantação, na década de 1950, a televisão foi regida pelo interesse privado. Com o telejornalismo local, que ganhou força no país a partir dos anos de 1980, não foi diferente. "A programação de uma emissora de TV do interior nasce de uma necessidade de atender a um mercado regional" (Bazi, 2001 *apud* Coutinho; Emerim, 2019, p. 32). Opinião também de Peruzzo:

> O interesse da grande mídia pelo local, num primeiro momento, apresenta-se mais por seu lado mercadológico do que pela produção de conteúdo regionalizado. A televisão, por exemplo, explora a diferenciação local como nicho de mercado, interessada que está em captar os recursos provenientes da publicidade do interior do país (Peruzzo, 2005, p. 71).

Nessa perspectiva, o conteúdo de interesse público precisa agradar ao telespectador, que é o responsável por validar o programa do ponto de vista da audiência. Consequentemente, um programa bem assistido é também um programa com chance maior de ser comercializado, e assim a programação da televisão complementa-se e inicia-se a cada novo ciclo. De forma bastante simplificada, é como se seguisse a fórmula: conteúdo de interesse público - aceitação do público - fidelização da audiência ou retorno positivo da audiência - números positivos para o comercial e lucro - investimento em novos negócios - reinício do ciclo.

Vera Íris Paternostro (1999) lembra que é no final da década de 1980 que o SBT se torna vice-líder de audiência, exibindo uma programação popular. A televisão se firma como o veículo de comunicação no qual as pessoas encontram notícias e entretenimento. É nesse mesmo período que os canais por assinatura chegam ao Brasil, provocando desestabilidade no que havia sido consolidado como fórmula para conquistar a audiência.

> Algumas emissoras enfrentam momentos difíceis, e em crise passam a ser alvo fácil de fortes grupos religiosos; em outras, a solução passa pelo aparecimento de vários programas de auditório de estilos semelhantes, sensacionalistas e apelativos, que discutem em público a privacidade das pessoas [...] sempre prevendo menos recursos gastos e mais popularidade. É uma época marcada pelo vale-tudo para as emissoras brasileiras em nome da conquista de pontos nos índices de audiência (Paternostro, 1999, p. 34).

A televisão se torna especialista em dar sentido àquilo que vai ao ar com o objetivo de, também, construir a própria identidade junto ao público. "A seleção, como a sucessão e aproximação dos programas são criadores de sentido e contribuem para forjar a identidade da emissora" (Jost, 2010, p. 52). É nesse processo de escolha da programação e de conteúdos que vão ou não ser exibidos que emissoras de TV se veem diante da possibilidade de criar a própria identidade e demonstrar isso ao público, aproximando-se ou distanciando-se de determinados segmentos ou grupos, de acordo com as escolhas editoriais. Movimento muito visto em emissoras de televisão regionais ou locais que se identificam como produtoras de conteúdo comunitário, uma referência ao jornalismo cívico (Traquina, 2005).

No dia a dia do jornalismo, o conteúdo comunitário pode ser traduzido como aquilo que está próximo e é de interesse do telespectador, é dar voz ao público diante da importância e centralidade que o cidadão ocupa quando o conceito é descrito. Normalmente, são demandas relacionadas às situações do cotidiano do público e que, por algum motivo, quem deveria estar prestando ou oferecendo não o faz. Essa ausência de fornecimento do serviço, por vezes, está relacionada às ações do poder público. Para Peruzzo (2005), o jornalismo local deve estar atrelado à realidade regional, tendo como princípio a informação de proximidade.

> O meio de comunicação local tem a possibilidade de mostrar melhor do que qualquer outro a vida em determinadas regiões, municípios, cidades, vilas, bairros, zonas rurais etc. Por vezes, se cerca de distorções, como as que têm origem em vínculos com interesses político-partidários e econômicos, mas, mesmo acarretando vieses de informação, acaba contribuindo na divulgação de temas locais. [...] As pessoas acompanham os acontecimentos de forma mais direta, pela vivência ou presença pessoal, o que possibilita o confronto entre os fatos e sua versão midiática de forma mais natural (Peruzzo, 2005, p. 77-78).

É justamente nessas ausências que a emissora de televisão identifica-se como próxima ao telespectador, como aquela que dá espaço àquilo que precisa ser dito e amplifica a voz da população. "Fazendo as escolhas [...] a emissora afirma-se não só como responsável editorial, mas contribui para construir uma imagem de si própria como pessoa e como parceira do telespectador" (Jost, 2010, p. 53).

O telespectador conquista espaço durante a programação, tanto para assuntos particulares quanto de interesse da população inserida naquele território e contexto. Veja-se o exemplo exibido no dia 14 de fevereiro de 2023, quando Joinville passava por um período longo de altas temperaturas, diariamente acima dos 35 graus.

Como tradicionalmente ocorre, a apresentadora Sabrina Aguiar se posicionou próxima ao telão em que faz a leitura das mensagens enviadas pelo público. Na tela, a mensagem de uma moradora dizia o seguinte: "Na escola Pedro Ivo Campos, o bebedouro está nessa situação. Existem quatro equipamentos e nenhum funciona. Com esse calor, fica difícil beber água quente. O compressor do ar também está queimado".

Figura 6 – Exemplo de participação em que a emissora se posiciona como parceira do telespectador (Jost, 2010)

Fonte: a autora. 14/02/2023

Uma foto ilustrava a situação narrada pela moradora. A imagem mostrava o bebedouro sem estar na tomada e apoiado em seis tijolos. Logo após exibir a mensagem, a apresentadora leu a nota que havia sido enviada pela prefeitura como forma de dar uma satisfação para a telespectadora, inclusive com comentários acrescentados pela apresentadora.

Em tom de conversa, e não de leitura, a resposta anunciada pela apresentadora foi:

> Bom, (nome da telespectadora)... Situação que veio até a gente pelo nosso WhatsApp e nós fomos atrás de uma resposta sobre essa situação. A Secretaria de Educação de Joinville trouxe a informação, viu? Dois novos bebedouros dos grandes *(com ênfase em "dos grandes")* foram instalados ontem nas áreas do pátio e da quadra. Um terceiro bebedouro acessível está na fase final de instalação, enquanto um outro grande já foi solicitado, só que ainda não chegou na unidade escolar. Até (nome da telespectadora), se quiser mandar uma foto aí dos bebedouros, já lá o grande, tal, é legal para a gente poder mostrar, viu? *(comentário inserido pela apresentadora, incentivando a continuidade na interação.)* Em relação ao compressor de ar, será necessário trocar o aparelho de ar condicionado. Aí entra o quê? A licitação, né? *(comentário inserido*

pela apresentadora) A licitação já foi concluída, a Secretaria de Educação aguarda os trâmites contratuais para efetuar a substituição do aparelho. Quando se trata de poder público, não é simplesmente comprar, ir lá e trocar. *(comentário inserido pela apresentadora.)* Enquanto isso, foram instalados dois ventiladores na sala de aula como uma ação paliativa, mas que já está encaminhada para a solução. Por isso que eu abri até, inclusive, falando do quanto a sua participação chega até aqui e a gente traz essas respostas. Porque a gente vai atrás mesmo, viu? Participe". *(comentário inserido pela apresentadora finalizando aquele momento de participação pelo WhatsApp)* (Aguiar, 2023, transcrição)[21]

O fato de ter uma resposta na sequência da mensagem mostra também que a produção do programa buscou um retorno para que a situação não fosse apenas exposta, mas que a telespectadora fosse informada sobre a solução, sinalizando para o telespectador que eles se posicionam como defensores da sociedade e assumem um papel de pessoa (Jost, 2010). Nesse tom de conversa, a apresentadora se torna próxima do público; é como se fosse alguém conhecido passando a informação. A exibição da mensagem e leitura da nota duraram 1 minuto e 27 segundos. Quem trabalha em TV ou desenvolve estudos nessa área sabe que o tempo é suficiente para a exibição de uma reportagem, por exemplo.

O assunto, que poderia ter virado tema de uma reportagem, por decisão editorial do veículo de comunicação, foi exibido como participação pelo WhatsApp, mas nem por isso perdeu as características de uma notícia, tendo, por exemplo, critérios como relevância, proximidade, contexto social e interesse público.

Quando isso ocorre, o público também se sente mais próximo; é como se estivesse protegido pelo guarda-chuva da televisão e como se o questionamento que ele tem fosse amplificado pelo microfone de um veículo de comunicação com quem vem construindo relação de pertencimento e afeto. Passa-se também pelo fato de que, quando o tema entra para a agenda midiática, ganha importância para um número maior de pessoas. É como se, ao tornar público, a televisão imprimisse também o carimbo de "relevante" para a pauta daquela comunidade em que está inserida.

---

[21] Essa participação foi gravada pela autora enquanto era exibida ao vivo no *Balanço Geral Joinville,* no dia 14 de fevereiro de 2023. A autora transcreveu a mensagem a partir dessa gravação.

Entretanto, para Peruzzo (2005), é também na mídia local que podem ser vistas com mais clareza algumas tendências pouco positivas, como os laços políticos que podem comprometer a informação. É também nesse ambiente que, pela proximidade, a informação repassada pelo veículo de imprensa pode ser mais bem contestada pelo público. Atualmente, esses laços políticos podem também resultar no que o pesquisador brasileiro André Lemos (2021, 2022) chama de *invisible news*. Na tradução, seriam notícias que não aparecem nos veículos de comunicação de massa devido aos interesses corporativos ou ideológicos das empresas ou de pessoas responsáveis pelo jornalismo.

Outras tendências negativas podem ser encontradas na mídia local, segundo Peruzzo (2005). A pesquisadora cita a falta de ampla cobertura, que pode estar relacionada à redução das equipes e à falta de profissionais devidamente capacitados para exercer as funções de jornalistas. E, por fim, a naturalidade com que se aceita o jornalismo baseado em fontes oficiais, por vezes relacionados aos laços políticos citados anteriormente, podendo ainda ser reflexo da redução na quantidade de profissionais nas redações e/ou atrelados à falta de capacitação quando não jornalistas se propõem a fazer jornalismo.

Quando falamos dos laços formados entre emissora e público, no contexto de convergência midiática, o aumento da interação pode ser considerado um fator que contribui para a consolidação da audiência. É por meio dos canais de interatividade que público e emissora de televisão estreitam relacionamento e criam laços de afeto. Ao enviar a mensagem para a TV comentando sobre um tema que foi exibido, respondendo a um questionamento feito pelo apresentador, ou ainda sugerindo pauta e disponibilizando vídeo ou foto que possam ser exibidos, o telespectador se coloca na posição de alguém que contribui para a produção do programa, que está envolvido com a elaboração do telejornal.

É nesse contexto que um dos critérios propostos por Muniz Sodré (2006) merece ser avaliado quando estudamos telejornalismo local ou regional. É o critério do afeto. Para o autor, não é possível estudar apenas a mídia como meio que leva a informação e que se atualiza com os novos dispositivos tecnológicos, mas, sim, se debruçar sobre as relações desenvolvidas em comunidades de afeto.

> É que o vínculo atravessa o corpo, o afeto, passa por sentimento, por ódio, enquanto a relação entre pessoas pode ser

> completamente impessoal, ou seja, são indivíduos atomizados, separados, que se relacionam juridicamente e polidamente, por direito e por etiqueta, O vínculo pode até ser atravessado pelo direito, mas ele é emocional, é libidinal, é afetivo (Sodré, 2002, s/p).

Sodré também chama a atenção para outro fenômeno inerente à sociedade e que se soma ao afeto quando analisamos as relações estabelecidas entre público e telejornal. Estamos falando do "bios virtual", que é evidente na dimensão midiática, levando em consideração os avanços tecnológicos. "[...] surge uma verdadeira forma de vida – o bios virtual, uma espécie de comunidade afetiva de caráter técnico e mercadológico, onde impulsos digitais e imagens se convertem em prática social" (Sodré, 2006, p. 99). Ou seja, a relação se estabelece de uma forma que resulta em participação, contribuição para a produção do programa, ou comentários de cunho opinativo, como se o telejornal fosse elevado a um posto de "amigo" daquele público que já absorveu como rotina a conversa diária com o programa, estimulando e alimentando a comunidade formada, mesmo que a distância ou sem vínculo presencial.

Para o autor, o homem está ligado à mídia, no sentido de esta criar subjetividades inerentes à cultura e ao cotidiano, dando sentido às coisas e tornando-se dependente, insaciável por mais informação para se manter no patamar da relevância. "O novo bios [...] se torna socialmente relevante porque intervém nas relações espaciotemporais, estas por meio das quais percebemos o mundo e agimos sobre ele" (Sodré, 2006, p. 99).

> É particularmente visível a urgência de uma outra posição interpretativa para o campo da comunicação, capaz de liberar o agir comunicacional das concepções que limitam ao nível de interação entre forças puramente mecânicas e de abraçar a diversidade da natureza das trocas, em que se fazem presentes os signos representativos ou intelectuais, mas, principalmente, os poderosos dispositivos do afeto (Sodré, 2006, p. 13).

Portanto, para Sodré, ao analisar as relações desenvolvidas em um contexto midiático, deve-se observar o ser humano na sua singularidade, considerando não apenas o fato de ele ser um sujeito que recebe informação e as entende de acordo com os conhecimentos previamente adquiridos, ou pelo fato de estar inserido em determinadas comunidades. É necessário olhar – no nosso caso, o telespectador – na sua integralidade, a partir do passado, o que ele vive hoje e do que imagina para o futuro. Tudo isso sem desconsiderar a mídia como esse "novo bios" que se retroalimenta justamente pela notícia, sabendo que a informação faz parte da maneira como o ser humano se relaciona com as outras pessoas. A mídia não é mais apenas o meio por onde a informação é levada entre uma pessoa e outra, mas está inserida nesse processo comunicacional, no cotidiano, de forma que a sociedade já não consegue mais romper esses laços. Está envolta nessa experiência e construindo as teias que aumentam os pontos de encontro e convergência em que o conteúdo alcança o receptor e ocorre a virada de chave, ao tornar o receptor também propagador ou produtor de conteúdo.

3.1 OBSERVANDO OS CRITÉRIOS DE NOTICIABILIDADE A PARTIR DA PARTICIPAÇÃO DO PÚBLICO

Ainda tensionando as discussões propostas por Sodré (2009), a definição de como um fato é "embalado" para se tornar notícia no jornal merece atenção porque passa por diferentes etapas, critérios e considerações até que se transforme naquilo que as pessoas leem, assistem ou ouvem. Para o autor, "o mundo dos fatos [...] é o mundo da experiência empírica, isto é, de relações contingentes, do fenômeno que pode acontecer ou não" (Sodré, 2009, p. 28). Porém, para que faça sentido a uma sociedade e tenha relevância midiática, é importante que esteja relacionado à existência humana. Aí sim será considerado *fato social* (Sodré, 2009). Outro item que, para Sodré, não pode ser ignorado pelo jornalismo é o senso comum. "A lição implícita do jornalismo, entretanto, é não se poder fazer pouco-caso do senso comum, por ser ele estabilizador da consciência e mobilizador do pertencimento à comunidade" (Sodré, 2009, p. 45). Portanto, são os fatos relacionados à condição humana que se transformam em acontecimentos, embalados em forma de notícia (com o rigor técnico), que vemos publicado no jornal. Lembra-se que essa condição de notícia precisa, de alguma forma, fazer sentido para a sociedade, ter relações com aquilo que a população entende fazer parte do seu cotidiano, com envolvimento histórico, cultural ou social.

Essa é uma consideração fundamental para quem deseja entender a participação do telespectador, como o público se relaciona com o telejornal e o que é necessário para que se sinta motivado a participar do programa. As propostas apresentadas por Sodré sobre a necessidade de o conteúdo fazer sentido para o público e ser próximo ao ponto de estimular o sentimento de pertencimento a uma comunidade auxiliam a compreender o motivo de determinados assuntos – que, no dia a dia jornalístico, teriam pouca relevância ou espaço – despontarem quando observamos o engajamento do público. Exemplos disso são as participações relacionadas aos animais de estimação. Durante os períodos de observação do *Balanço Geral Joinville*, não foram raras as vezes que, convidado a participar enviando fotos de seus animais de estimação, o público respondeu prontamente.

É nesse momento que entramos em um percurso não linear, com diferentes caminhos e perspectivas a serem abordados. Estamos falando sobre os critérios consolidados para definição da notícia. Vejamos algumas definições propostas por Nelson Traquina. "Um exame da maioria dos livros e manuais sobre jornalismo define as notícias em última análise como tudo o que é importante e/ou interessante" (Traquina, 2012, p. 19). Ou ainda: "O jornalismo tem sido um negócio, e as notícias, uma mercadoria que tem alimentado o desenvolvimento de companhias altamente lucrativas" (Traquina, 2012, p. 27). O artigo "Para pensar critérios de noticiabilidade" (Silva, 2005) apresenta os critérios propostos por 12 pesquisadores, e um dos pontos que chamam a atenção é o critério da "proximidade" elencado por 10 estudiosos do tema: Stieler, Lippman, Galtung e Ruge, Golding-Elliot, Gans, Hetherington, Shoemaker *et al*, Erbolato, Chaparro e Lage. O jornalismo local ou regional se vale desse critério, entre outros, como basilares na hora de decidir o que vai ou não ao ar.

Peruzzo também faz uma definição:

> O conceito de proximidade pode ser explorado a partir de diferentes perspectivas, mas, quando se trata de mídia local e regional, ele se refere aos laços originados pela familiaridade e pela singularidade de uma determinada região, que têm muito a ver com a questão do *locus* territorial (Peruzzo, 2005, p. 76).

Ainda sobre a questão da proximidade, outros autores ampliam a discussão diante dos processos convergentes que a mídia vivencia, já que agora não é mais necessário assistir ao programa ao vivo, na ordem em que foi pensado pela produção e apenas na área de abrangência territorial em que o canal pode ser sintonizado. As emissoras não só publicam as reportagens em redes sociais ou site próprio, como transmitem aquele conteúdo ao vivo por esses canais, e, portanto, o território de abrangência é muito maior do que aquele que tínhamos antes da internet.

> [...] os sentidos que antes eram atribuídos exclusivamente em relação a uma determinada área geográfica se tornam mais complexos. Passam a envolver costumes, línguas, hábitos, engajamento político, legislação e o próprio sentimento de pertencimento ao lugar (Oliveira Filho, 2019, p. 62).

Vale destacar ainda que, para Silva (2005), não é possível afirmar que apenas esses critérios de noticiabilidade ou valores-notícia sejam levados em consideração. Aliás, ao referenciar Fernando Correia (1997), Silva faz um alerta:

> Valores-notícia se aplicam em todas as fases da atividade jornalística; não se constituem necessariamente como impedimentos ao trabalho do jornalista; não funcionam isoladamente; mas em diferentes combinações e de forma negociada; fazem parte da cultura profissional dos jornalistas, constituindo-se não em critérios abstratos ou pontuais, mas sim num quadro de avaliação racionalizado e interiorizado pelo jornalista; [...] valores-notícia evoluem com o tempo, não constituindo arquétipos imutáveis (Silva, 2005, p. 105).

Podem, inclusive, ser alterados de acordo com a relevância e a identificação do público do telejornal com determinado assunto, a exemplo das fotos dos animais citadas anteriormente. Isso não quer dizer que, a partir daquele momento, sempre que o telespectador enviar a foto do seu animalzinho, terá espaço no programa, mas que, na tentativa de manter a fidelidade da audiência, temas diversos acabam tendo destaque na programação e são considerados pela emissora na hora das escolhas editoriais.

Essa decisão editorial está relacionada também à formação de audiência e serve de indicativos que tendem a apontar por que o público quer e gosta de se ver na TV. Em 2021, com a campanha de vacinação contra a Covid-19, escrevemos um artigo sobre a divulgação das fotos das pessoas recebendo o imunizante nos dois principais telejornais de Joinville, em Santa Catarina. "Do 'Click' ao 'Tá no Ar': as Fotos da Vacinação Contra a Covid-19 como Evidência da Convergência Midiática no Telejornalismo"[22] discute os motivos que levam o público a querer enviar fotos para a televisão. Além dos pontos identificados anteriormente como uma mudança cultural e as

---

[22] Trabalho apresentado no GP Telejornalismo, XXI Encontro dos Grupos de Pesquisa em Comunicação, evento componente do "44º Congresso Brasileiro de Ciências da Comunicação" – virtual – 4 a 9/10/2021 e publicado nos anais do evento.

questões relacionadas à convergência midiática, Dominique Wolton afirma que há motivos intrínsecos à condição humana que levam à necessidade de comunicação. São elas: compartilhamento, sedução e convicção. A primeira condição (compartilhamento) "é uma necessidade humana fundamental e incontornável. Viver é se comunicar e realizar trocas com os outros de modo mais frequente e autêntico possível" (Wolton, 2010, p. 17). A segunda (sedução) e a terceira (convicção) são, respectivamente, "inerente a todas as relações humanas e sociais" e "ligada a todas as lógicas de argumentação utilizadas para explicar e responder a objeções" (Wolton, 2010, p. 17).

Se aliarmos essa definição da necessidade de ser visto com o fato da credibilidade que a notícia carrega consigo, pode-se afirmar que o telespectador também utiliza o espaço para reafirmar suas opiniões e se colocar como relevante perante a comunidade em que está inserido.

Dominique Wolton (1996) afirma que, ao reunir a audiência em torno de si, mesmo sem proporcionar formas de interatividade entre o público, a TV cria um laço invisível entre esses telespectadores, o que o autor chama de laço social (idem).

Atualmente, diante da evolução tecnológica, não só esses telespectadores conversam entre si, em redes sociais com discussões abertas ou fechadas para determinado grupo, como também utilizam o próprio espaço da televisão como mediador para essa conversa e podem identificar-se e reconhecer-se na opinião do outro. Mesmo com a mediação de um profissional que, naquele momento, assume a identidade da emissora, a troca de mensagens e o alcance que elas têm ao serem exibidas propiciam uma rede para as discussões baseadas em conteúdos elencados pelo programa de TV.

Há diversas discussões sobre como pode ser descrito esse telespectador contemporâneo. Jenkins, Ford, Green (2014) classifica quais são os grupos dispostos a produzir e fazer circular materiais midiáticos.

> [...] Os ativistas, que buscam mudar a percepção do público a respeito de questões de interesse para esses grupos; os religiosos, que buscam difundir "a Palavra"; os apoiadores das artes – especialmente da mídia independente –, que buscam construir uma base que incentive formas alternativas de expressão cultural; os entusiastas de alguma marca particular; que se tornam marcos localizadores para a identidade e o estilo de vida de muitas pessoas; os blogueiros, que almejam engajar mais pessoas nas necessidades de comunidades locais; os colecionadores, o público retrô e membros de subculturas

interessados em construir identidades alternativas (Jenkins; Ford; Green, 2014, p. 56).

No telejornalismo, os perfis do público confundem-se, e nem sempre é possível classificá-los, visto que a participação pode ocorrer de diferentes maneiras e a partir de diversas motivações. É possível afirmar que o *Balanço Geral Joinville* tem, ao menos, três perfis de telespectadores. O primeiro deles é aquele que opta por se limitar a consumir o conteúdo exibido. Na sequência, aparece o telespectador que interage pontualmente quando é convidado a opinar em enquetes ou compartilha reportagens exibidas nas próprias redes sociais. Já o terceiro perfil é a pessoa que participa enviando conteúdo, opinião e estabelecendo laços com a emissora. Por esse motivo, realizamos o estado da arte em busca de estudos já concluídos nessa linha, que pudessem trazer apontamentos a respeito desse processo que vem se intensificando no Brasil desde 2010.

3.2 PESQUISAS VOLTADAS PARA A INTERAÇÃO ENTRE PÚBLICO E EMISSORAS DE TV UTILIZANDO O WHATSAPP

No repositório de Teses e Dissertações da Capes[23], plataforma Sucupira, com o termo "WhatsApp", foram encontradas 218 pesquisas publicadas até meados de 2023. Destas, 34 estão relacionadas à área de conhecimento da Comunicação; 10 discutem especificamente o jornalismo; e 6 tratam da utilização do aplicativo em televisão. Os trabalhos analisam as mudanças na produção telejornalística e como os conteúdos enviados pelo público são utilizados pelos jornalistas. Nenhum dos estudos encontrados se dedicou a ouvir e entender o posicionamento do público diante dessa mudança na participação dos programas proporcionada pela evolução tecnológica e convergência midiática, o que não significa que não existam estudos nessa área, diante da complexidade das buscas que precisam ser feitas para finalizar o *corpus*. Já no repositório da Universidade Federal do Paraná, foram encontradas duas pesquisas com o termo "WhatsApp" no título. Elas estão relacionadas aos programas de pós-graduação em Antropologia e Arqueologia, Setor de Ciências Humanas e pós-graduação de mestrado profissional em Filosofia.

Sobre as pesquisas encontradas na plataforma Sucupira, a dissertação "Jornalismo e público: reconfigurações no contexto digital. WhatsApp do

---

[23] O catálogo de teses pode ser acessado pelo link: https://catalogodeteses.capes.gov.br/catalogo-teses/#!/

Extra como ferramenta histórico-tecnológica"[24], de Cristina Gerk Pinto Carneiro (2016), apresenta o *Jornal Extra* como o primeiro veículo de imprensa a utilizar o WhatsApp para contato com o público. O aplicativo começou a ser usado pelo jornal em junho de 2013.

Outro trabalho de conclusão de curso de mestrado é da pesquisadora Claudia Regina Ferreira Anelo (2018), com o título "TV e tecnologias digitais: a participação do público no telejornal MS Record por meio do WhatsApp"[25]. O estudo traz um mapeamento de como o WhatsApp ganhou espaço e foi implantado nas redações brasileiras. A autora relata que a principal expansão ocorreu em 2014 e utiliza dados do Núcleo de Mídias Digitais do site de notícias da Faculdade Cásper Líbero, informando que o *Diário Catarinense*, de Santa Catarina; *O Dia*, do Rio de Janeiro; *Correio*, da Bahia; a emissora Bandeirantes; e a *Folha de São Paulo* aderiram à ferramenta em 2014.

Também fizemos buscas no repositório de teses e dissertações do Programa de Pós-Graduação em Jornalismo da Universidade Federal de Santa Catarina[26] (UFSC) devido à proximidade geográfica com o objeto de estudo deste livro, o *Balanço Geral Joinville*. No repositório da UFSC, até meados de 2023, foram encontradas 149 dissertações e 29 teses publicadas. Em nenhuma das pesquisas constatou-se o termo "WhatsApp" no título. A dissertação "O telejornal *Balanço Geral Florianópolis* e os modelos de apropriação na produção da notícia no telejornalismo"[27], da pesquisadora Luciana Wasun Carvalho (2019), chega a citar que o WhatsApp é usado para receber materiais do público que podem ser transformados em notícias ou usados para a cobertura de *offs* e para a conversa entre a equipe de reportagem, mas não se atém ao relacionamento desenvolvido entre telespectadores e emissora e não tem como objetivo fazer essa análise do ponto de vista do público.

A mesma busca foi realizada, no mesmo período, no repositório do Programa de Pós-Graduação em Jornalismo da Universidade Estadual de Ponta Grossa (UEPG). Entre as 49 dissertações publicadas, três abordam o

---

[24] https://sucupira.capes.gov.br/sucupira/public/consultas/coleta/trabalhoConclusao/viewTrabalhoConclusao.jsf?popup=true&id_trabalho=3456590

[25] https://sucupira.capes.gov.br/sucupira/public/consultas/coleta/trabalhoConclusao/viewTrabalhoConclusao.jsf?popup=true&id_trabalho=3773873

[26] O repositório de teses e dissertações da Universidade Federal de Santa Catarina pode ser acessado no link: https://ppgjor.posgrad.ufsc.br/

[27] https://repositorio.ufsc.br/handle/123456789/215692

telejornalismo, sendo que uma delas tem como foco o formato televisivo em produções do YouTube.

Durante a realização do estado da arte, encontramos um artigo que se assemelha ao estudo que realizamos. Em abril de 2015, o telejornal *RJTV* e o *Bom Dia RJ* lançaram um número de WhatsApp para que os telespectadores pudessem enviar materiais para o programa. Cerca de um mês após o lançamento, a emissora comemorou a marca de 1 milhão[28] de contribuições recebidas. As pesquisadoras Musse e Thomé (2015) analisaram a forma como ocorria a participação do público e constataram que, mesmo com o envio de recortes do cotidiano, o telespectador ainda está longe de definir o que vai ou não ser exibido.

> [...] o telespectador produz então conteúdo para o telejornal e passa a definir a agenda midiática, mas será importante observar que todo esse material ainda passa por uma triagem na central da emissora, deixando esse público no lugar de produtor de pauta e conteúdo, mas ainda à margem do que os teóricos denominam de *gatekeepers* da informação (Musse; Thomé, 2015, p. 6).

A mesma situação pode ser constatada no *Balanço Geral Joinville*. As mensagens enviadas por meio do WhatsApp passam pelo crivo da produção jornalística, que, na prática, é quem dá o aval para que aquele tema entre ou não na agenda midiática. Conteúdos que se assemelham ao fazer jornalístico televisivo, como vídeos narrados ou imagens que podem ser usadas para cobrir *off* ou ilustrar uma participação do repórter, têm mais probabilidade de serem utilizados (Musse; Thomé, 2015).

> O público participa do agendamento do que merece ser mostrado e discutido, uma estratégia que é enunciativa, mas também comercial, trazendo o receptor para o outro lado, atraindo não só sua atenção, mas também sua presença. O telejornal, assim, passa a ser, neste discurso, um produto feito por todos, digno de confiança e capaz de defender os interesses e cobrar das autoridades uma solução para os problemas da população (Musse; Thomé, 2015, p. 2).

---

[28] A reportagem pode ser acessada no link: https://g1.globo.com/rio-de-janeiro/noticia/2015/05/whatsapp--e-viber-do-rjtv-e-bom-dia-rj-recebem-1-milhao-de-colaboracoes.html.

Percebe-se que ainda há um longo caminho a ser percorrido quando falamos de estudos voltados para a utilização do WhatsApp em programas jornalísticos televisivos, principalmente aqueles voltados ao viés dos estudos de recepção, que tratam o telespectador como protagonista nesse processo de convergência.

4.

O CAMINHO PERCORRIDO NA COLETA DE DADOS PARA A ANÁLISE

O que fazemos na elaboração deste livro é um estudo de recepção, por isso, procuramos operadores teóricos e metodológicos que pudessem contribuir para a análise proposta. Para isso, mapeamos outros estudos com vieses semelhantes que já foram desenvolvidos no Brasil. O Núcleo de Pesquisa Recepção e Cultura Midiática/PPGCOM-UFRGS dedica-se a acompanhar as pesquisas que são realizadas nessa área desde a década de 1990, e um dos resultados percebidos é justamente o aumento de pesquisas na área dos estudos de recepção. Até a finalização da escrita deste livro, haviam sido publicados quatro livros *Meios e audiência* I, II, III e IV.

Em 2022, durante uma aula on-line[29], a professora e pesquisadora Nilda Jacks apresentou um histórico das pesquisas desde a década de 1990 e relacionou com a introdução do pensamento de Jesús Martín-Barbero no Brasil. Segundo Jacks (2022), na década de 1990, das 1.769 teses e dissertações, 49 eram estudos de recepção, e Martín-Barbero era o pesquisador mais citado nesses trabalhos. Esse indicativo se manteve na década de 2000, apesar de que os autores dos estudos ainda utilizavam as três primeiras mediações (publicadas em 1987), mesmo com uma atualização já proposta por Martín-Barbero em 1998.

A terceira edição[30] de *Meios e audiência III* traz um retrato das pesquisas de recepção realizadas entre 2010 e 2015, justamente quando se intensifica (o início foi nos anos 2000) o processo comunicacional por redes sociais. Por ser o período em que o WhatsApp, aplicativo pelo qual ocorre a interação investigada nesta pesquisa, é implantado no Brasil, vamos nos ater a ele.

Nesse período, os autores de *Meios e audiência III* identificaram 11 trabalhos dedicados à internet, com predominância dos estudos de recepção

---

[29] A aula pode ser acessada por meio do link: https://www.youtube.com/watch?v=dRE-RZrwxdg.

[30] Um quarto livro mapeando as pesquisas realizadas mais recentemente foi publicado pelo grupo de pesquisa no início de 2024.

e consumo de jornalismo; além de outros 41 que se debruçaram sobre a convergência midiática, sendo predominantes os estudos de consumo de telenovela. Para o grupo de pesquisa, o aumento na quantidade de programas de pós-graduação em Comunicação, além de maior relevância dada ao tema no período, resultou na quantidade de estudos realizados.

Entre os autores mais citados nos estudos realizados entre 2010 e 2015, estão Henry Jenkins, Pierre Lévy, Manuel Castells, André Lemos, Adriana Braga, Lucia Santaella, Néstor Garcia Canclini, Guillermo Orozco Gómez, Stuart Hall e Jesús Martín-Barbero, que nos auxiliará nas próximas reflexões, já que temos o autor como operador metodológico.

Desde as primeiras publicações, a teoria barberiana propõe que os estudos de recepção avancem além daquilo que o próprio Jesús Martín--Barbero classifica como uma maneira superficial de análise: identificar o avanço das tecnologias como principal motivo para as mudanças. Para o pesquisador, que é referência na área, essa análise deve ser feita com o olhar voltado às mediações. "A teoria barberiana das mediações não se confunde com uma teoria da recepção, e seu alcance está em compreender o inteiro processo da comunicação" (Lopes, 2018, p. 14).

Essas mediações, conforme definição de Martín-Barbero e Sonia Munhoz, têm mais de um significado:

> As mediações são esse "lugar" de onde é possível compreen-der a interação entre o espaço da produção e da recepção: o que [a mídia] produz não responde unicamente a requeri-mentos do sistema industrial e a estratagemas comerciais, mas também a exigências que vêm da trama cultural e dos modos de ver (Martín-Barbero; Sonia Munhoz, 1992 *apud* Lopes, 2018, p. 15).

As atualizações nos mapas das mediações ressaltam a forma como a sociedade interage e reage a cada novo movimento. Por esse motivo, Lopes (2018) sugere que os pesquisadores que utilizam os mapas das mediações estejam sempre atentos às discussões e a cada atualização.

Em 1987, Jesús Martín-Barbero publicou a primeira edição do que o próprio autor chama de Mapa Noturno e revela em entrevistas que se dedicou durante 10 anos à produção do material. Nos anos seguintes, ocorreram as atualizações do mapa feitas em 1998, 2010 e 2017. O último livro foi motivado pelo professor Omar Rincón, a partir de um evento organizado na

Universidade Federal do Rio Grande do Sul, em comemoração aos 30 anos da primeira publicação. O livro *Un nuevo mapa para investigar la mutación cultural* (Jacks; Schmitz; Wottrich, 2019)[31] apresenta uma fusão dos mapas que facilita para o leitor a visualização e compreensão das mudanças e adequações que foram realizadas em cada uma das edições. Além de que cada uma das mediações e cada um dos polos buscou na raiz das propostas pesquisadores que pudessem discutir de onde Martín-Barbero se inspirou para as discussões.

Figura 7 – Fusão dos três últimos mapas

Fonte: Silva e Baseio (2019), adaptado de Martín-Barbero (1998, 2010, 2017)

Ao publicar *Dos meios às mediações*, Jesús Martín-Barbero (2006) reconhece que a comunicação deixa de ser um único campo de estudo e passa a ser um conceito interdisciplinar. Para o autor, os consumos e as produções comunicacionais estão diretamente relacionados com a cultura que faz

---

[31] O livro pode ser acessado pelo link: http://www.ufrgs.br/obcomp/noticias/12/820/livro-com-reflexoes-sobre-cultura-e-comunicacao-a-partir-do-pensamento-de-martin-barbero-e-lancado-com-download-gratuito/.

parte daquela sociedade no momento. Além do mais, para Martín-Barbero (2006), não se pode imaginar que os meios massivos atuem apenas com a reprodutibilidade técnica, conceito apresentado por Walter Benjamin (1955), e que estão inseridos no dia a dia da sociedade.

Martín-Barbero afirma que é preciso ir além das teorias funcionalistas de recepção. "Não se trata apenas de medir a distância entre as mensagens e seus efeitos, e sim de construir uma análise integral do consumo, entendido como o conjunto de processos sociais de apropriação dos produtos" (Martín-Barbero, 2006, p. 292). Ou seja, para ele, as mediações surgem pela sociedade, se dão por meio dos processos culturais e sociais, sendo ressignificadas e revistas a todo momento. Ainda nessa linha, Certeau, citado por Jacks, Toaldo e Oikawa (2016), defende que não se pode classificar um consumidor apenas pelo que consome, mas é necessário levar em consideração o uso que faz desses itens consumidos e as práticas de consumo.

Jesús Martín-Barbero está na lista dos mais importantes pensadores dos estudos culturais na América Latina e contribuiu significativamente para os estudos de comunicação. Se antes se olhava o emissor como dominador, e o receptor, como dominado, sem que houvesse nem sequer um ato de resistência ou uma necessidade de atração, Martín-Barbero (2006) apresenta os polos e as mediações (eixos sincrônico e diacrônico), que, para o autor, são opções metodológicas para entender como se estabelecem as relações em uma sociedade, tendo como centralidade a cultura, a comunicação e a política.

Na discussão teórico-metodológica, este livro tende a dialogar com os conceitos apresentados tanto no terceiro quanto no quarto mapas, visto que, na última atualização, algumas mediações foram incorporadas e remodeladas, e outras ganharam status de polos, como é o caso da *tecnicidade*.

4.1 O PAPEL DA TELEVISÃO PARA OS ESTUDOS CULTURAIS NA AMÉRICA LATINA

Ao discutir a televisão, parece extremamente atual o questionamento de Martín-Barbero ao afirmar que, para produtores e programadores, ou então os "fazedores de televisão", importam apenas as novas tecnologias de vídeo e internet e menos as relações sociais formadas a partir ou por meio delas. Por isso, o autor aconselha que se inverta a ordem da pesquisa:

TELEJORNALISMO REGIONAL E A PARTICIPAÇÃO DO PÚBLICO

> Em vez de fazer a pesquisa a partir da análise das lógicas de produção e recepção, para depois procurar suas relações de imbricação ou enfrentamento, propomos partir das mediações, isto é, dos lugares dos quais provêm as construções que delimitam e configuram a materialidade social e a expressividade cultural da televisão (Martín-Barbero, 2006, p. 294).

Para o autor, na América Latina, a televisão tem a família como *unidade básica de audiência* (Martín-Barbero, 2006) e se organiza nos eixos da *proximidade e da magia de ver*.

> [...] o espaço da televisão é dominado pela magia do ver: por uma proximidade construída mediante uma montagem que não é expressiva, e sim funcional, sustentada na base da "gravação ao vivo", real ou simulada. Na televisão, a visão predominante é aquela que produz a sensação de imediatez, que é um dos traços que dão forma ao cotidiano (Martín-Barbero, 2006, p. 297).

A televisão manteve sua base de audiência em núcleos familiares e não deixou de buscar a proximidade com o público. O que houve foi a atualização dos processos mediante as inovações tecnológicas e mudanças culturais da sociedade. Com base na interatividade proporcionada por meio da internet, percebemos a necessidade de constantes debates a respeito dos caminhos que a televisão adota na tentativa de estar e ser participante na vida do seu público. Se a estética persuasiva passa pelo envolvimento das pessoas com os programas, mais uma vez Martín-Barbero é referência para as discussões atuais.

> Na televisão, nada de rostos misteriosos ou encantadores demais; os rostos da televisão serão próximos, amigáveis, nem fascinantes nem vulgares. Proximidade dos personagens e dos acontecimentos: um discurso que familiariza tudo, torna próximo [...]. Um discurso que produz seus efeitos a partir da mesma forma que organiza das imagens: do jeito que permite maior transparência, ou seja, em termos de simplicidade, clareza e economia narrativa (Martín-Barbero, 2006, p. 297).

A questão dos rostos familiares é um dos pontos que precisam ser considerados quando falamos em participação do público, da forma como vemos no *Balanço Geral Joinville*. As mensagens sempre têm identificação do emissor, inclusive com foto. Isso só não ocorre quando a pessoa pede para não ser identificada e que tenha uma justificativa para tal, como exposição de situações que podem gerar danos ao telespectador. Além disso, a forma como o discurso é moldado (editado) por quem recebe a mensagem na TV torna a linguagem muito similar à que é usada diariamente pela TV, por exemplo, as questões ortográficas, uma vez que a própria emissora afirma editar as mensagens para evitar erros de ortografia. A frase do público, que tende a ser maior, na edição é encurtada e colocada na ordem direta, conforme a Língua Portuguesa.

Outro ponto é aquele apresentado por Musse e Thomé (2015), de que os vídeos e as fotos que mais se assemelham à técnica jornalística têm maior probabilidade de serem usados. Claro, sem desconsiderar que apresentadores e repórteres são figuras familiares e próximas em um contexto de telejornalismo local. Eles vivem a cidade, estão nos mesmos locais que os telespectadores, vão ao mercado e ao shopping, caminham pela rua e por vezes se encontram com o público que diariamente os assiste.

O tempo em televisão ocorre mediante a repetição e fragmentação: repetição de gênero e programa; fragmentação de histórias e narrativas. Mesmo em telejornais, a notícia que vai ao ar não é a realidade, mas um recorte do que aconteceu, ou seja, um fragmento.

Esse processo, para o autor, faz com que os públicos não se percam na programação, que reconheçam o gênero e a narrativa. Para exemplificar, Martín-Barbero faz, inclusive, uma analogia com os folhetins do século XIX, ao afirmar que "o leitor popular transita entre o conto e o romance 'sem se perder'" (Martín-Barbero, 2006, p. 298).

> Qualquer telespectador sabe quando um texto/relato foi interrompido, conhece as formas possíveis de interpretá--lo, é capaz de resumi-lo, dar-lhe um título, comparar e classificar narrativas. Falantes do "idioma" dos gêneros, os telespectadores, como nativos de uma cultura textualizada, "desconhecem" sua gramática, mas são capazes de falá-lo (Martín-Barbero, 2006, p. 304).

Isso é percebido diariamente nos conteúdos enviados pelos telespectadores do *Balanço Geral Joinville*. O telespectador pode não ter o conhecimento da técnica, mas reconhece o "idioma" televisivo e, de certa forma, procura adequar-se nesse método para fazer parte do sistema, sentindo-se incluído em uma comunidade midiática.

No âmbito da competência cultural, o autor responde se a televisão pode ser considerada um meio cultural ou de promoção da cultura. "[...] – gostemos ou não, para o bem ou para o mal – é a própria noção de cultura, sua significação social, o que está sendo transformado pelo que a televisão produz e em seu modo de reprodução" (Martín-Barbero, 2006, p. 300). Na própria história da televisão, essa movimentação é percebida: sejam as vezes em que houver mudanças na programação, de acordo com os costumes da sociedade, ou de acordo com os anseios do mercado, sejam as adaptações de sotaque, cenário, modos de fazer, até mesmo mais recentemente com as variadas formas e opções para que o telespectador participe da programação. Esse último quesito, por sinal, é reflexo das mudanças culturais vivenciadas pela sociedade. Tem-se, de fato, um ciclo que se retroalimenta pelas mediações em cada eixo.

Por fim, o autor reflete sobre a maneira como o público vê televisão, de que lugar acompanha, ou qual a relevância, o espaço e a importância que o meio recebe, quanto tempo é destinado para a programação, se é uma programação que fica ligada o dia todo ou apenas em determinado horário para consumo de um único programa. Ou seja, os hábitos dos telespectadores e as formações culturais são também mediações que devem ser observadas quando tratamos de um estudo de recepção. Não é possível ignorar a história do sujeito e ater-se apenas à mensagem, à forma como ela é transmitida e à significação que é feita.

4.2 NA TRILHA DO TERCEIRO E DO QUARTO MAPAS PROPOSTOS POR MARTÍN-BARBERO

Atualizado em 2010, o terceiro mapa traz pelo menos dois conceitos de mediações fundamentais para a discussão que propomos. São eles: a ritualidade e a tecnicidade, que, mais tarde, no último mapa (2017), foram atualizados.

Lopes (2018) ajuda a compreender o sentido amplo de tecnicidade que Martín-Barbero sugere no terceiro mapa, não ficando restrito apenas à técnica ou aos avanços tecnológicos, mas perpassando pelas imbricações proporcionadas pelas mudanças culturais diante dessas novas possibilidades apresentadas pelas novas tecnologias. Ou seja, de nada adianta a indústria investir em diferentes processos tecnológicos, avanços em sinal de internet e conectividade e aparelhos cada vez mais modernos, se não houver uma mudança, um entendimento e uma aceitação por parte do público, para que de fato tudo isso passe a fazer sentido e tenha significado na produção de novos conteúdos, participação do público e ocupação de espaço nas mídias.

> A estratégica mediação da tecnicidade se coloca atualmente em um novo cenário, o da globalização, e em sua conversão em conector universal do global (Milton Santos). Isso se dá não só no espaço das redes informáticas, como também na conexão dos meios – televisão e telefone – com o computador, restabelecendo aceleradamente a relação dos discursos públicos e os relatos (gêneros) midiáticos com os formatos industriais e os textos virtuais. As perguntas abertas pela tecnicidade apontam então para o novo estatuto social da técnica, ao restabelecimento do sentido do discurso e da práxis política, ao novo estatuto da cultura, e aos avatares da estética (Lopes, 2014, p. 14).

Por sua vez, a mediação da ritualidade, no terceiro mapa, dá-se entre a espacialidade e os fluxos, espacialidade que pode ser traduzida como o território e suas proximidades, os espaços comunicacionais, imaginados, subjetivos e apropriados. Já os fluxos se dão justamente mediante o que é produzido pelo público, como imagens, interações, conteúdo (Lopes, 2018).

> A mediação das ritualidades nos remete ao nexo simbólico que sustenta toda comunicação: à sua ancoragem na memória, aos seus ritmos e formas, seus cenários de interação e repetição. Em sua relação com os FI (discursos, gêneros, programas e grades ou palimpsestos), as ritualidades constituem gramáticas da ação – do olhar, do escutar, do ler – que regulam a interação entre os espaços e tempos da vida cotidiana e os espaços e tempos que conformam os meios (Martin-Barbero, 2006 *apud* Castilho; Lopes, 2018, p. 18).

Concomitante a essa reflexão, Jacks, Toaldo e Oikawa (2016) discutem as práticas culturais em um contexto de convergência midiática. Para as autoras, os consumidores utilizam as práticas culturais para o efetivo fazer acontecer, porém em conformidade com seus interesses e considerando as suas experiências e os seus saberes. Para eles, a internet proporciona que seja possível "rastrear" as maneiras de fazer do público. Mais do que isso, é por meio dessas tecnologias digitais que o público também se reinventa na produção do conteúdo, que proporciona uma evidência diferente da que é atribuída aos tradicionais consumidores de mídia.

Ao se dedicar a enviar uma informação para a televisão, o telespectador está também gerando e produzindo conteúdo. Produz algo que vai ser consumido por outros milhares de telespectadores em condições semelhantes à dele, mas que, ao enviar a mensagem, se posiciona como alguém que também gera conteúdo, ou seja, está na posição de emissor do conteúdo. Ao inverter a lógica da televisão, que já foi considerada o polo emissor de um para muitos (Wolton, 1996), o telespectador está também imprimindo mudanças culturais de consumo e práticas comunicacionais.

É, porém, o quarto mapa, "Mutações culturais e comunicacionais contemporâneas", proposto por Martín-Barbero (2017), que conduz à discussão mais recente sobre os estudos culturais latino-americanos e está relacionado ao tempo que vivemos. "O mapa propõe novos eixos e mediações para compreender as mutações comunicacionais e culturais do nosso tempo"[32] (Jacks; Schmitz; Wottrich, 2019, p. 11)

Por esse motivo, e como orienta Lopes (2018), indicando que os pesquisadores devem estar atentos às atualizações, vamos nos aprofundar nesse mapa e utilizá-lo como percurso metodológico para a discussão dos resultados da pesquisa. Antes, portanto, faz-se necessária uma discussão sobre os conceitos que serão usados no decorrer do livro, posto que, como um cartógrafo a explorar um mapa, podemos seguir por um ou outro caminho, não sendo obrigatória a passagem por todos, a depender do que o objeto indica como essencial para a análise.

No quarto mapa, ao se referir às mediações fundantes de comunicação, cultura e política, o autor coloca no centro do mapa o termo "cartografia do contemporâneo", que se articula em quatro eixos, sendo o diacrônico composto por sensorialidade e tecnicidade, e o sincrônico articulado entre a temporalidade e a espacialidade.

Uma breve descrição sobre o que Martín-Barbero entende por esses eixos faz-se necessária. Quando o autor se refere à sensorialidade, busca compreender os aspectos humano, emocional e cultural. Já a tecnicidade é muito mais que a técnica, sendo compreendida como as mudanças que permeiam a sociedade. Trata-se de uma maneira de entender como as mudanças são desde percebidas até explicadas. "A sensorialidade nem sempre é um sujeito ativo, muitas vezes é passivo porque sofre as consequências da tecnicidade"[33] (Martín-Barbero; Rincón, 2019, p. 21).

---

[32] Tradução nossa. "El 'mapa para investigar el *sensorium* contemporáneo', entre confluencias y divergencias con los modelos anteriores (1987, 1998, 2009), propone nuevos ejes y mediaciones para la comprensión de las mutaciones comunicacionales y culturales de nuestro tiempo".

[33] Tradução nossa. "La sensorialidad no es siempre el sujeto activo, muchas veces es pasivo porque sufre las consecuencias de las tecnicidades".

A definição de tempo dá-se como aquele que é medido desde os primórdios pela humanidade. "Falar de tempo é falar da vida cotidiana, dos tempos de guerra, dos tempos das cidades, dos tempos de criar os espaços. Vivemos uma diversidade de tempos"[34] (Martín-Barbero; Rincón, 2019, p. 20). Para o autor, não há como pensar tempo e espaço sem que eles estejam relacionados. Segundo Felippi, Villela e Silveira (2019), caso seja feita uma retrospectiva nos mapas de Martín-Barbero, percebe-se que a espacialidade tem sido considerada pelo autor desde a primeira edição do Mapa Noturno, por vezes citada metaforicamente e em outras versões literalmente, sendo um conceito com raízes na geografia. "É no espaço geográfico que ocorrem as relações de produção e de reproduções sociais que são geradas por meio das interações socioculturais"[35] (Felippi; Villela; Silveira, 2019, p. 103). Portanto, assim como o tempo é diverso, propõem-se "múltiplas espacialidades: o espaço habitado, o espaço produzido, o espaço imaginado e o espaço praticado"[36] (Felippi; Villela; Silveira, 2019, p. 104).

É possível apontar que a atualização do novo mapa da teoria barberiana traz ainda mais imbricações entre o contexto atual em que a sociedade contemporânea vive, diante de um cenário cada vez mais virtual e mercadológico, mas que não se afasta das relações desenvolvidas entre tempo e espaço, tecnicidades e sensorialidades.

Para o jornalismo local, uma das principais aproximações propostas pelo autor é justamente sobre a ressignificação das produções feitas nos espaços das cidades, sendo estes espaços (cidades/bairros) considerados "espaços de resistência e de uma singularidade que expressam suas particularidades"[37] (Felippi; Villela; Silveira, 2019, p. 109). Neste contexto, a espacialidade é reconhecida como um local de disputa, resistência, produção e reconstrução, tanto de identidades quanto de organizações que se estabelecem no território, reforçando as mutações presentes nos processos sociais.

O quarto mapa de Jesús Martín-Barbero traz as mediações e os eixos tão intensamente interligados, que fica difícil, diante do objeto empírico observado nesta pesquisa, definir sobre quais mediações ele transita, a fim de

---

[34] Tradução nossa. "Hablar de tiempo es hablar de tiempos en la vida cotidiana, los tiempos de la guerra, los tiempos de las ciudades, los tiempos de crear los espacios. Habitamos diversidad de tiempos.

[35] Tradução nossa. "En el espacio geográfico ocurren las relaciones de producción y de reproducción social que se generan por medio de las interacciones socioculturales".

[36] Tradução nossa. "Propone así múltiples espacialidades: el espacio habitado, el espacio producido, el espacio imaginado y el espacio practicado".

[37] Tradução nossa. "Espacio de resistencia y de una singularidad que expresa sus particularidades".

delimitar o percurso para análise dos resultados. Foi a partir dos primeiros resultados encontrados nos dois formulários enviados aos participantes que se deu o recorte teórico-metodológico proposto para a análise.

Ao traçar um percurso para ser seguido dentro do último mapa de Martín-Barbero, é como se tivéssemos a imagem de um triângulo-retângulo. Como sugere a pesquisadora Nilda Jacks[38] (on-line, 2022), nosso caminho de entrada no mapa dá-se justamente pelas mediações: as narrativas. Desenrola-se pelo eixo da tecnicidade, passando pela mediação de redes, seguindo pelo eixo da espacialidade, com enfoque na mediação da cidadania, cortando o mapa ao meio, retornando para a mediação das narrativas.

Figura 8 – Percurso a ser percorrido dentro do mapa para análise

Mapa 2017: sobre *El Sensorium* contemporáneo para investigar la mutación cultural que habitamos

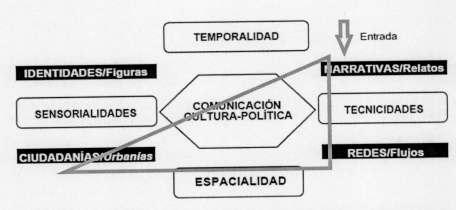

Fonte: a autora, adaptado do mapa ilustrado no livro Un nuevo mapa para investigar la mutación cultural de Jacks, Schmitz, Wottrich (2019)

4.2.1 Narrativas

No quarto mapa de Jesús Martín-Barbero, a mediação narrativa assume a posição que, nas duas versões anteriores, era dedicada à tecnicidade.

---

[38] Durante uma aula on-line, a professora afirmou que, para a utilização do mapa como operador metodológico, é necessário que se entre sempre por uma das mediações e não pelos eixos. https://www.youtube.com/watch?v=dRE-RZrwxdg.

> "Tecnicidade" refere-se a inovações intrínsecas ao campo da produção e o modo como afetam as linguagens midiáticas, para que, ao transformar o material discursivo e o ambiente de onde vem, derivem novas práticas sociais que se associam simbolicamente a valores coletivos, incorporados aos ritos, investidos em certo significado simbólico até chegar às narrativas (Silva; Baseio, 2019, p. 171).

Em termos práticos, tecnicidades e narrativas se estabelecem em um contexto de articulação, de modo que a tecnicidade está também relacionada à habilidade de se comunicar por diferentes formas que se atualizam constantemente (Silva; Baseio, 2019), e as narrativas são os reflexos, enredos, criações e articulações desta comunicação. Como as próprias autoras argumentam ao citar Lopes (2018), não significa que estejam enraizadas, mas que se articulam na realidade como no formato de um rizoma.

Para chegar à discussão proposta, Martín-Barbero dialoga com conceitos propostos por Walter Benjamin (1994) e Roland Barthes (2001), por exemplo. Desta forma, é necessário entender que narrativas são, também, um conceito plural que passa por mutações e têm aplicações em disciplinas diferentes da Comunicação, como a Antropologia e a Linguística.

Na Comunicação, as narrativas ocorrem em um contexto de ritualidade e estão presentes em várias formas de conversação, como na escola, no trabalho, na política e em diferentes lugares. A expansão dos gêneros que abrangem desde fofocas, filmes, circulação de notícias, entre outros, mostram o quanto a narrativa evoluiu nos últimos anos (Silva; Baseio, 2019). "Cabe ressaltar que, atualmente, essas narrativas têm sido recriadas e viabilizadas por meio das tecnologias da comunicação"[39] (Silva; Baseio, 2019, p. 175). Por todos esses motivos, a narrativa é interpretada como uma necessidade humana que se relaciona com a cultura, independentemente do tempo ou do espaço.

> A necessidade de compartilhar experiências se incorpora às novas mediações, reiterando a ideia de que as narrativas funcionam como uma metamorfose, jamais morrem, dado que a narrativa é um alimento de sustentação da cultura, sobretudo na América Latina. [...] Deste modo, as novas formas de estar junto, com as maneiras com que se reinventa a cidadania e reconstitui a cidadania, são atravessadas pelas narrativas (Silva; Baseio, 2019, p. 181-182, tradução nossa).

---

[39] Tradução nossa. "Cabe destacar que, actualmente, esas narrativas han sido recreadas y visibilizadas por medio de las tecnologías de comunicación".

Observa-se, a partir dessa definição, a proximidade da mediação com o objeto estudado nesta pesquisa, visto que o público utiliza meios tecnológicos para conversar entre si e com a emissora de TV, com o intuito de fortalecer os laços comunitários, mas também a cidadania da comunidade que dialoga em diferentes espaços, e sobre assuntos que interferem no cotidiano da sociedade como um todo.

4.2.2 Redes

Segundo Brignol, Cogo e Martínez (2019), é a partir de 2008 que Jesús Martín-Barbero passa a destacar a importância de se observar os processos comunicacionais a partir do paradigma de rede. É o próprio Martín-Barbero quem explica o contexto em que se dá essa definição:

> Uma noção de comunicação muito mais ancorada no conceito de rede e interface; de uma conexão que possibilita não apenas uma transformação interna, mas uma voz mais potente na hora de falar e se projetar para o país ou para o mundo e que, ao mesmo tempo, já está repercutindo na concepção do político nesses lugares" (Martín-Barbero, 2008, p. 17 *apud* Brignol; Cogo; Martínez, 2019, p. 201, tradução nossa).

Os estudos relacionados às redes trazem consigo a perspectiva de que a comunicação digital não se finda no ciberespaço, mas gera imbricações no sentido de que se relaciona diretamente com os hipertextos também nas mídias tradicionais, como rádio e TV. Essa conexão por diferentes plataformas, como WhatsApp, Facebook e Twitter, supera a conversação nesses ciberespaços, "gerando formas inovadoras de organização e comunicação que fluem de forma integrada entre os ambientes on-line e off-line"[40] (Brignol; Cogo; Martínez, 2019, p. 197).

É também nesse novo modelo de espaço que surgem novas formas de estarmos juntos, aceleradas pelos fluxos e redes e em outros contextos propostos por Martín-Barbero, o das migrações, "[...] conectando diversos atores a um novo espaço público de intermediação"[41] (Brignol; Cogo; Martínez, 2019, p. 203). Entretanto, não se pode deixar de lado os problemas enfrentados em decorrência, como as *fake news* e a falta de privacidade. Além

---

[40] Tradução nossa. "[...] generando formas innovadoras de organización y comunicación que fluyen de forma integrada entre los ambientes *online* y *offline*".

[41] Tradução nossa. "[...] conectando diversos actores en un nuevo espacio público de intermediación".

disso, é com base nesse conceito de redes que encontramos significações para a maneira como transformamos a nossa relação com os diferentes espaços e tempos que vivemos.

4.2.3 Cidadania

Apesar de não existir acordo sobre uma definição para o termo cidadania, uma vez que é estudado por diferentes aspectos e áreas de conhecimento, na discussão de Jesús Martín-Barbero a palavra surge da reflexão que o autor realiza sobre as relações entre os campos da cultura e comunicação, sobretudo quando a mediação tecnológica ocupa um aspecto estrutural na sociedade (Bonin; Morigi, 2019).

É em um cenário de mudança cultural relacionado à globalização e aos avanços tecnológicos, ao qual o autor direciona especial atenção em compreender "os novos sujeitos da cidadania vinculados ao campo cultural e ao papel dos meios"[42] (Bonin; Morigi, 2019, p. 224). Sujeitos esses que estariam sendo inseridos em larga escala em uma representação de estilos e valores desterritorializados, boa parte pelos meios de comunicação em um contexto de convergência acelerado por novas tecnologias.

Entretanto, para Martín-Barbero, é também nesse cenário de globalização que se percebe uma revolução na formação de identidades, quando "se abrem caminhos contra as antigas exclusões que funcionam como espaços de pertencimento, de reconhecimento, de memória, de solidariedade"[43] (Bonin; Morigi, 2019, p. 227). Ao discutir a mediação da cidadania, neste livro que pode ser considerado uma enciclopédia sobre a trajetória percorrida por Martín-Barbero na produção de sua vasta obra, os autores identificam a comunicação como o local onde podem ser expostas as diferentes opiniões e interações, permitindo espaço para o debate público.

> A mídia virou nas nossas sociedades ambientes constituintes da vida pública e de reconhecimento social. São espaços fundamentais para a expansão ou restrição do público, que se configura a partir de suas gramáticas, lógica e operações. Certamente o público se fortalece quando é possível que diversos atores possam ser reconhecidos, quando a sociedade civil pode se expressar em sua pluralidade, quando os cida-

---

[42] Tradução nossa. "[...] de nuevos sujetos de ciudadanía vinculados al campo cultural y al papel de los meios".

[43] Tradução nossa. "[...] abren camino contra las viejas exclusiones, y funcionan como espacios de pertenencia, de reconocimiento, de memoria, de solidaridad".

> dãos têm seus problemas ou as orientações dos governantes, quando eles contribuem para a sua constituição baseada na isonomia cidadã (Bonin; Morigi, 2019, p. 229, tradução nossa).

Para que essas diferenças culturais e sociais se façam presentes na sociedade, Martín-Barbero aponta que é necessária uma efetiva participação por parte dos diferentes grupos e agentes sociais. Além disso, precisamos ter uma comunicação que efetivamente informe e esteja disposta e preparada para abrir espaços para debates que façam sentido para a sociedade. Na América Latina, o autor reconhece que há avanços no processo, apontando dois deles: o primeiro como sendo o aumento dos espaços para comunicação comunitária, o que chama de "rede de cidadania para debate do espaço público, onde cabe aquilo que não tem espaço nos meios privados"[44] (Bonin; Morigi, 2019, p. 230); e em segundo, as possibilidade de formação dessas redes por meio da internet, que, além de serem espaços para o fortalecimento da cidadania, se constituem como locais para o compartilhamento de experiências, diferentes visões e interações (Bonin; Morigi, 2019).

Percebe-se, em cada um dos conceitos analisados o entrelaçamento direto com a tecnicidade, tendo esse eixo recebido atenção especial de cada uma das mediações propostas por Martín-Barbero para estudos teórico-metodológicos realizados em objetos empíricos comunicacionais na América Latina e que se relacionam diretamente com as mediações fundantes de cultura, comunicação e política.

4.3 APROXIMAÇÃO COM O PÚBLICO PARTICIPANTE

A primeira etapa deste estudo foi composta pela coleta de dados por meio de formulário eletrônico com perguntas fechadas, que resultaram em dados quantitativos para a pesquisa e auxiliaram na definição dos participantes da segunda fase, na qual realizamos grupo de discussão, um método qualitativo referenciado por autores como (Ibáñez, 1996; Callejo, 1998; Meinerz, 2011; Weller, 2013; Silvestre; Martins; Lopes, 2018).

Conforme definido previamente com a emissora NDTV Record Joinville, tivemos acesso aos telespectadores que enviam mensagens para o *Balanço Geral Joinville* pelo próprio aplicativo de mensagens da TV. Nos dias 14 e 15 de setembro de 2022, após o fim da transmissão ao vivo da

---

[44] Tradução nossa. "[...] una red ciudadana de espacio público de debate de todo aquello que no cabe en los medios privados".

programação local, por volta das 15h15, enviei mensagem para os telespectadores pelo WhatsApp da TV, perguntando se gostariam de participar de uma pesquisa acadêmica. A mensagem inicial foi a seguinte: "Olá, boa tarde. Gostaríamos de convidá-lo a participar de uma pesquisa sobre a sua participação pelo WhatsApp da NDTV Record. Você aceita?". Apenas as pessoas que responderam positivamente receberam outra mensagem com o *link* para responderem ao primeiro formulário de perguntas.

Nos dois dias de seleção dos telespectadores, optei por entrar em contato com pessoas que haviam enviado mensagem durante o horário em que o *Balanço Geral Joinville* estava sendo exibido ao vivo, das 11h50 às 13h20. Quarenta pessoas foram convidadas a participar. Trinta e cinco pessoas aceitaram responder à pesquisa e receberam o *link*. Uma disse que não gostaria de responder, e quatro pessoas não retornaram o nosso contato e, por isso, não receberam o *link* com o primeiro formulário.

Das 35 pessoas que disseram que responderiam, contabilizamos o retorno de 27 telespectadores, sendo que um deles não era morador de Joinville, efetivando 26 telespectadores participantes. A primeira pergunta era justamente a cidade de residência e servia como uma condicionante para a continuidade das respostas. Caso o participante não fosse morador de Joinville, o formulário era encerrado automaticamente, uma vez que delimitamos a participação exclusivamente a moradores de Joinville, cidade-sede da NDTV Joinville.

O primeiro questionário era composto por 14 perguntas, e a última delas investigava se a pessoa tinha interesse em continuar participando da pesquisa. Caso tivesse, solicitei que deixasse o nome e o número de telefone para contato. Essa foi a estratégia usada a fim de delimitar o público para as próximas etapas.

Das 26 pessoas que responderam ao primeiro formulário, 18 disseram que aceitariam continuar participando da pesquisa. Com a proximidade das festas de fim de ano, período em que sabidamente as pessoas estão com foco em outras atividades, optou-se por retomar o contato com os telespectadores para dar continuidade ao levantamento de dados após o dia 15 de janeiro de 2023.

Dessa forma, nos dias 23 e 24 de janeiro de 2023, liguei para as 18 pessoas que haviam sinalizado que tinham interesse em continuar na pesquisa. É importante ressaltar que esse foi nosso primeiro contato telefônico. Da outra vez, havia sido apenas pelo WhatsApp da TV e com eles respondendo ao formulário.

Dos 18 telespectadores que haviam aceitado, consegui falar com 11 pessoas. Duas mulheres disseram que, devido ao horário de trabalho e a outros compromissos, não assistem mais ao telejornal, e um homem afirmou que estaria de férias, fora da cidade, e por isso não gostaria de assumir o compromisso. Agradeci por terem colaborado até ali e dei continuidade à pesquisa com a participação de oito telespectadores que aceitaram continuar contribuindo para o estudo.

Após o contato telefônico, a pesquisadora enviou mensagem pelo WhatsApp para que os contatados tivessem o número de telefone e pudessem falar com a autora, caso tivessem dúvida. Aliás, no primeiro momento da ligação, era perceptível a dúvida sobre a veracidade da ligação e da pesquisa. Não se pode ignorar que a população fica receosa diante dos casos de golpe que são aplicados por telefone ou pela internet. Justamente por esse motivo, antes de fazer as ligações, avisou-se à gerente de jornalismo da NDTV Joinville que se daria continuidade ao estudo. Caso alguém questionasse pelo WhatsApp da TV, seria possível confirmar que alguém estava fazendo os contatos. Não houve nenhum tipo de questionamento enviado à TV.

Ainda dentro da primeira etapa da pesquisa, fizemos o envio do segundo formulário, também com perguntas fechadas. O formulário foi enviado no dia primeiro de fevereiro, pelo WhatsApp, para cada um dos participantes. Com 16 perguntas, o objetivo era aprofundar ainda mais os dados, com o objetivo de saber se essas pessoas que participam assistem ao jornal na companhia de alguém, se têm referência de outros modos de participação em outros meios tradicionais, se já tinham o hábito de manter contato com veículos de comunicação antes do surgimento do WhatsApp, entre outros temas direcionados aos objetivos específicos da pesquisa.

Quando foi feito contato com os telespectadores por telefone, informou-se que tínhamos outros momentos da pesquisa: o envio do segundo formulário, como especificado anteriormente; a formação de um grupo de WhatsApp, para que eles pudessem conversar sobre a participação do público durante uma semana, entre os dias 27 de fevereiro e 3 de março; e a realização de um encontro presencial. A data para a realização do grupo de discussão pelo WhatsApp foi escolhida a fim de evitar que a programação tivesse alterações em decorrência do Carnaval.

Para a segunda fase da pesquisa, composta justamente pelo grupo no WhatsApp e encontro presencial, utilizamos como método o grupo de discussão (Ibáñez, 1996; Callejo, 1998; Meinerz, 2011; Weller, 2013; Silvestre; Martins; Lopes, 2018), com algumas adaptações. Dividimos a segunda fase da pesquisa nas etapas A e B. A etapa A consistiu em fazer um grupo de WhatsApp para que pudéssemos promover a discussão entre os participantes da pesquisa durante uma semana sobre as participações exibidas pela emissora e o conteúdo abordado no *Balanço Geral*.

Entendemos que o grupo de WhatsApp para esse momento de discussão foi uma alternativa viável e trouxe bons resultados para a pesquisa pelos seguintes motivos: a) os participantes possuem o hábito de utilizar o WhatsApp; b) presumimos que este é um ambiente em que se sentem à vontade para comentar, visto que são ativos no envio de mensagens para o *Balanço Geral Joinville*; c) opção encontrada para evitar constantes deslocamentos e reuniões presenciais do grupo para análise diária das participações no telejornal; d) imediatismo com que o comentário pode ser realizado, por vezes ainda durante a exibição do telejornal.

Durante a semana em que tivemos o grupo de discussão pelo WhatsApp, uma das participantes saiu do grupo. Tentei contato com ela para entender o que havia ocorrido, mas não tive retorno. A partir dessa desistência, continuamos a pesquisa com sete integrantes no grupo, sendo dois homens e cinco mulheres.

Na semana seguinte à realização do grupo de discussão pelo WhatsApp, realizamos a etapa B da segunda fase da pesquisa. Reunimo-nos para um encontro presencial com os participantes, para que pudéssemos aprofundar a discussão feita durante a semana.

O convite com endereço em local centralizado, próximo ao Terminal Urbano Central de Joinville, foi enviado ao grupo e reforçado individualmente aos participantes. Apesar de cinco integrantes terem confirmado a participação, duas mulheres avisaram minutos antes do encontro que não poderiam estar presentes por motivos pessoais. Desta forma, o encontro presencial do grupo de discussão contou com a participação de três telespectadores, sendo um homem e duas mulheres.

Todos os participantes, tanto pelo WhatsApp quanto os que participaram presencialmente, fizeram importantes contribuições para a pesquisa, causando inquietações que mereceram especial dedicação para a análise.

4.3.1 Grupo de discussão como estratégia para coleta de dados sobre a participação do público

Com base na Sociologia, mas para além dela na aplicação e utilização, sendo usado para pesquisas em áreas como Comunicação e Educação, o grupo de discussão tem como princípio o fato de gerar conversa entre os participantes que estão de fato envolvidos com o objeto a ser estudado. Nesta pesquisa, utilizamos o método de grupo de discussão apresentado por Jesús Ibáñez (1996) e trabalhado por autores como Callejo (2001), Meinerz (2011), Weller, Pfaff (2013), Silvestre, Martins e Lopes (2018).

Nesse método, o pesquisador assume o papel de moderador no grupo, tendo como principais responsabilidades: apresentar ideias que possam ser discutidas sem a finalidade de chegar a um resultado comum a todos os membros; garantir que a conversa mantenha o foco no objeto analisado; e ser responsável por "aquecer" a discussão quando esta estiver passando por momentos mais mornos.

O grupo de discussão exige planejamento das ações. A primeira delas é a definição dos participantes do grupo, sendo fundamental que estes tenham envolvimento com o objeto estudado e não sejam pessoas que já mantenham contato ou tenham relação de proximidade, a fim de evitar que se sintam inibidas a comentar algum tema. Por esse motivo, a primeira etapa desta pesquisa, composta pelo envio dos dois formulários, foi fundamental para que se chegasse a um grupo engajado e que, de fato, conhecesse os modos de participação do público do *Balanço Geral Joinville*. Outros requisitos indicados foram que o número de integrantes variasse entre seis e 10 e o tempo de duração dos encontros fosse de, aproximadamente, 1 hora e 30 minutos (Callejo, 2001; Meinerz, 2011).

Para que o mediador possa conduzir o debate, é importante que ele utilize o tópico-guia[45], porque esse "assegura que a discussão não desvie de sua rota e auxilia na análise" (Silvestre; Martins; Lopes, 2018, p. 39). Porém, vale destacar que o tópico-guia não precisa necessariamente ser seguido à risca, já que o moderador deve prezar pelo discurso espontâneo, com o mínimo de interferência possível.

Por ser um método que resulta em grande quantitativo de dados coletados, o grupo de discussão exige do pesquisador atenção não apenas ao que

---

[45] Fizemos dois modelos de tópico-guia. Um deles foi norteador da discussão durante a semana de conversa do grupo pelo WhatsApp, e o outro, para o encontro presencial.

foi dito pelos participantes, mas as expressões e ausências de comentários também devem ser analisadas. Com a utilização desse método, temos material para análise do discurso desse grupo de telespectadores participantes do *Balanço Geral Joinville*. Nesta pesquisa, para a análise final, dialogamos com a proposta do quarto mapa das mediações, de Jesús Martín-Barbero, sendo, portanto, utilizados múltiplos métodos para a conclusão do estudo.

5.

O QUE DIZ O PÚBLICO SOBRE O MODO DE PARTICIPAÇÃO

A primeira etapa da pesquisa constitui-se de um levantamento de dados quantitativos, que apontam os primeiros indicativos sobre quem é o público que participa, por meio do WhatsApp, do *Balanço Geral Joinville*. Nesta etapa, foram aplicados dois formulários, com objetivo de coletar informações que pudessem ajudar a identificar o perfil do público que envia mensagem e selecionar participantes para a fase do grupo de discussão.

Vinte e seis moradores de Joinville responderam ao primeiro formulário, sendo 10 homens e 16 mulheres. Esses números demonstram certo engajamento do público com o telejornal, visto que, para responder à pesquisa, composta por 14 perguntas, precisaram interromper suas atividades do dia a dia para atender à solicitação que chegou por meio do contato do próprio jornal.

O engajamento fica ainda mais explícito quando perguntamos sobre a frequência do envio das mensagens para o jornal. Mais de 50% (16) dos respondentes optaram por respostas como "mais de uma mensagem por jornal", "todos os dias", "duas ou três vezes por semana" ou "pelo menos uma vez por semana", confirmando a observação inicial que apontava existir um grupo com frequência alta de participação periódica.

Além de a maior parte dos participantes estar na faixa etária entre 50 e 69 anos, outro dado que também chama a atenção é que, desde o início da pesquisa, foram identificadas mais mulheres que homens como participantes ativos. Essa característica, como o leitor verá adiante, permanece sendo notada até a última fase da pesquisa de campo.

As respostas do primeiro formulário indicam ainda que a participação do público está diretamente ligada não apenas ao conteúdo que é exibido, mas também ao envolvimento e à relação que desenvolvem com apresentadores e repórteres. São os rostos que são vistos diariamente na TV e que não são estranhos, se identificam e são familiares ao público, como enfatizado por Coutinho e Emerim (2019) e por Martín-Barbero (2006).

É importante destacar também que esse público espera para ver a sua mensagem exibida e fica feliz quando ela vai ao ar. A exibição é entendida como uma participação importante, já que foi escolhida entre as demais enviadas. O próprio público reconhece as mensagens enviadas por outros telespectadores como assunto importante e que merece espaço na programação. O principal motivo, conforme mostram os dados, é o fato de o jornal ser um interlocutor e auxiliar na resolução das demandas da comunidade, amplificando a voz do telespectador. Além disso, a credibilidade (Coutinho, 2022) é outro fator determinante na hora de decidir interagir com a programação. Mesmo aqueles telespectadores que não têm certeza de que a solução pode vir por meio de uma reportagem alegam que, pelo menos, o tema ganha um espaço de discussão e pode ser visto por quem é responsável pela solução. Há, ainda, os respondentes que informaram já terem tido situação solucionada por meio de reportagens televisivas. Essa afirmação demonstra que o sentimento de pertencimento a uma comunidade constrói-se também pela credibilidade que o público deposita nas escolhas editoriais da emissora de televisão, conforme pontua Coutinho (2022).

Os dados do primeiro formulário continuarão sendo discutidos posteriormente, e os resultados, em números absolutos[46], podem ser observados a seguir:

Figura 9 – Detalhamento do público participante

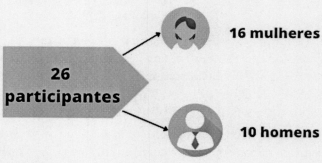

Fonte: a autora

---
[46] O número ao lado de cada uma das respostas indica quantas vezes aquela opção foi escolhida pelos participantes da pesquisa.

Figura 10 – Faixa etária do público participante

Fonte: a autora

Figura 11 – Quantidade de participações por semana

Quantas vezes você manda mensagem para o WhatsApp do Balanço Geral Joinville?

- Raramente (9)
- Envio mais de uma mensagem por jornal, dependendo do assunto que eles estão falando (6)
- Pelo menos 1 (uma) vez por semana (5)
- Duas ou três vezes na semana (3)
- Todos os dias (2)
- Nunca enviei (1)

Fonte: a autora

Figura 12 – Há quanto tempo participa?

Há quantos anos você participa do Balanço Geral Joinville enviando mensagem pelo WhatsApp?

- Comecei a enviar mensagem quando começou a pandemia, em 2020 (10)
- Não lembro, mas faz mais de cinco anos (5)
- Não sei responder (5)
- A primeira vez que enviei foi esse ano (3)
- Desde que o WhatsApp começou a ser usado pelo Balanço Geral (3)

Fonte: a autora

Figura 13 – O que motiva a participação?

Você envia mensagem para o jornal quando:

- A Sabrina Aguiar pede para comentar algum assunto (9)
- Quando falam de algum assunto polêmico e quero mostrar a minha opinião (6)
- Em qualquer horário. Se vejo alguma coisa interessante durante o dia, já encaminho (6)
- Algum assunto que interessa muito (3)
- Quando tenho alguma foto ou vídeo que acho legal para o jornalismo (2)

Fonte: a autora

Figura 14 – Qual é o sentimento quando a mensagem é exibida?

O que você sente quando a sua mensagem aparece na televisão?

- Sinto que fiz um comentário importante porque escolheram a minha mensagem (15)
- Muito feliz e aviso a minha família e amigos que apareci na televisão (4)
- Fico feliz e já quero enviar outro whats (4)
- Eu tiro foto da televisão para compartilhar nas redes sociais que apareci na TV (1)
- Não sei responder (1)

Fonte: a autora

Figura 15 – Temas que mais gosta de comentar

Qual assunto você mais gosta de comentar no Balanço Geral Joinville?

- Comento sobre qualquer assunto que a Sabrina falar que é para comentar (13)
- Gosto de enviar parabéns para amigos e familiares no dia do aniversário (4)
- Gosto de enviar sugestão de pauta (3)
- Enviar fotos dos animais de estimação (3)
- Gosto de enviar fotos de belezas naturais e passeios (2)
- Não sei responder (1)

Fonte: a autora

Figura 16 – Papel de liderança na comunidade ou família

Você se considera uma liderança na sua família, bairro, igreja ou grupo de amigos?

- Sim (9)
- Não (7)
- É comum perguntarem a minha opinião e pedirem conselho (5)
- Não sei responder (3)
- Eu tenho função de liderança na minha comunidade. Sou líder comunitário, ou participo de associação de moradores, ou faço parte das lideranças da minha igreja. (1)

Fonte: a autora

Figura 17 – Função da TV na solução das demandas

Quando envia uma reclamação para o WhatsApp, acredita que a TV pode ajudar a resolver?

- Sim, ajuda a resolver (13)

- Com certeza, inclusive já fizeram reportagem e resolveu (8)

- Não sei se ajuda, mas pelo menos outras pessoas ficam sabendo (5)

Fonte: a autora

Figura 18 – Perguntas com respostas "Sim"

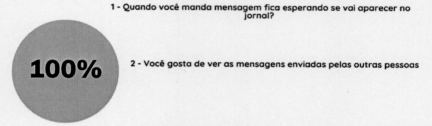

Fonte: a autora

    Outra observação que deve ser registrada é que, já na primeira análise junto aos telespectadores, foi possível perceber que os participantes assumem também papel de liderança na comunidade em que estão inseridos. Esse perfil vai ao encontro das premissas indicadas no início da pesquisa, mostrando que a relação se constrói tanto entre esse participante e a TV, quanto entre o participante e o grupo social em que está inserido. A influência da apresentadora do programa também é percebida, já que metade (13 respondentes da pesquisa) disse comentar qualquer assunto, desde que motivada pelo convite da apresentadora.

5.1 INTERESSADOS E COLABORATIVOS: UM PERFIL DOS PARTICIPANTES DA PESQUISA

A fase B da etapa 1 da pesquisa foi feita a partir da definição de quem seriam os integrantes que continuariam até o fim da coleta de dados. Como explicado anteriormente, ao fim do primeiro formulário, os telespectadores poderiam dizer se aceitavam continuar na pesquisa. Desta forma, para a resposta do formulário 2 e para a fase do grupo de discussão, tivemos a participação de oito telespectadores, conforme perfil:

Participante A: Mãe de um filho, com formação em técnico-administrativo, atualmente é dona de casa. A mulher de 59 anos é uma das telespectadoras que não perde o *Balanço Geral*, programa que ela afirma assistir todos os dias da semana, inclusive aos sábados. Para ela, a televisão é importante porque a deixa conectada com as notícias da cidade dela. Nascida em Joinville, ela viu a cidade mais populosa de Santa Catarina desenvolver-se.

Participante B: Costureira por formação, não foi a aposentadoria que fez com que ela interrompesse a profissão que sempre desenvolveu ou que deixasse de fazer atividades domésticas. *"Até pinto a minha casa quando precisa. A mulher não para"*, diz. Moradora de Joinville há 47 anos, e com 63 anos, é natural da cidade de São Ludgero, no Oeste de Santa Catarina. Assistir à televisão é uma atividade que ela faz sozinha em casa, mas nem por isso se sente sozinha. *"As minhas amigas dizem que estou ficando famosa"*, diz, ao falar sobre a participação pelo WhatsApp do *Balanço Geral Joinville*.

Participante C: Em 1994, o morador de Maringá, no Paraná, escolheu Joinville para viver. A esposa, já falecida, era natural de Barra Velha, e os irmãos moravam em Joinville. *"Tinha bastante vagas de emprego, isso foi também um dos motivos pra vir pra Joinville"*, conta. Pai de duas filhas, é vigilante aposentado e tem ensino médio completo. A televisão, para ele, é a maneira de se manter conectado e informado sobre o que está acontecendo, tanto em Joinville quanto no mundo. Enviar mensagem para o *Balanço Geral*, na opinião dele, é uma maneira de contribuir com outras pessoas.

Participante D: Com 47 anos, a participante assiste ao *Balanço Geral* de segunda a sexta-feira na companhia do marido. Ela mesma diz que pode ser considerada uma telespectadora "interessada" porque sempre presta atenção aos assuntos e comenta aqueles que a apresentadora pede para comentar.

Participante E: Aos 64 anos, é uma telespectadora assídua do *Balanço Geral*. Assiste ao programa atentamente, deixando de lado outras atividades enquanto o jornal está sendo exibido, rotina que segue diariamente, de segunda a sábado, acompanhada pelo marido.

Participante F: Natural de Joinville, aos 44 anos, a participante conta que viu a cidade se desenvolver e que a mãe era uma pessoa muito preocupada com as causas da comunidade, sendo responsável por articular junto ao poder público a iluminação pública em ruas da região em que moravam. A mulher tem quatro filhos e trabalhava como balconista. Desde o nascimento da filha mais nova, atualmente com 3 anos, optou por trabalhar em casa para dar atenção à filha. Assistir ao *Balanço Geral* é definido como o momento para ficar atualizada e aprender coisas novas: *"ainda mais agora, que fico somente em casa"*, afirma.

Participante G: O aposentado se orgulha ao dizer que já rodou muito pelo país quando trabalhava como caminhoneiro. Casado, pai de dois filhos, nasceu em Apiúna (SC) e mora em Joinville desde 1976. É morador do bairro mais populoso da cidade, o Aventureiro, que tem, aproximadamente, 40 mil moradores, segundo o IBGE. Sobre a relação com a televisão, ele é categórico: *"Somente tenho interesse em notícias"*. Assistir ao *Balanço Geral* é uma atividade que faz sozinho, pois, nesse horário, as outras pessoas da casa estão trabalhando.

Participante H: Aos 62 anos, a comerciante se considera uma participante "colaborativa" do *Balanço Geral Joinville*. Assiste ao programa enquanto trabalha na própria loja na região central de Joinville. No horário em que a programação está no ar, a atenção é dividida entre o que passa na TV e o atendimento aos clientes. Natural do Ceará, a relação com Joinville começou em uma viagem que fez para visitar parentes em 1980. *"Fiquei 15 dias aqui e me apaixonei pela cidade"*, conta, ao justificar a mudança para Joinville. A mulher é solteira e tem uma filha.

5.2 ANÁLISE DOS DADOS COLETADOS NO FORMULÁRIO 2

O segundo formulário foi enviado, em 2023, para as oito pessoas com quem conseguimos conversar por telefone e que atenderam ao convite para dar continuidade ao estudo. Esse formulário foi composto por 16 perguntas que tinham o objetivo de conhecer melhor os hábitos, as práticas e o contexto social e histórico de cada um sobre o envolvimento com veículos de comunicação, especialmente sobre a interação por meio do WhatsApp do *Balanço Geral Joinville*. As duas primeiras perguntas eram específicas, solicitando nome e idade do participante. Uma das perguntas tinha resposta livre e questionava por que a pessoa achava que era importante mandar mensagem para o *Balanço Geral Joinville*.

Quadro 2 – Traz as respostas[47] de cada um dos participantes sobre a importância de participar do *Balanço Geral Joinville*

Participante A	*Dependendo do assunto, as mensagens nos ajudam a conseguir respostas que muitas vezes não são atendidas.*
Participante B	*Eu acho muito legal enviar mensagem, eu fico toda feliz. As minhas amigas dizem que eu estou ficando famosa kkkk.*
Participante C	*Eu acredito que estou ajudando enviando mensagens.*
Participante D	*Gosto de interagir e contribuir com minha participação.*
Participante E	*Gosto de dar minha opinião sobre os assuntos e participar.*
Participante F	*Porque é um jornal de alta qualidade e uma audiência sem igual. Por isso, acho importante sempre participar, sempre estar presente.*
Participante G	*Porque sempre fui bem atendido.*
Participante H	*Eu gosto porque acho muito importante dar a opinião. Por exemplo, às vezes, quando alguém envia mensagem, se eu não concordar, eu mando mensagem e falo que na minha opinião poderia ser diferente, um exemplo.*

Fonte: a autora

A partir da fala dos participantes, fica evidente o perfil colaborativo de todos eles, ao afirmarem categórica ou subliminarmente que têm como principal objetivo contribuir com as suas considerações, de forma que outras pessoas da comunidade sejam beneficiadas com essa atitude. Outro indicativo que é percebido no discurso dos telespectadores é a relevância que a mensagem ganha ao ser exibida. Quando o **participante A** diz que a exibição pode ajudar a conseguir respostas que antes não seriam conhecidas, dá indícios que apontam para a credibilidade e o poder que a emissora tem ao assumir o papel de mediadora no debate de assuntos relevantes para o cotidiano. Esse mesmo apontamento foi percebido no envio do primeiro formulário. É o caso das reportagens ou participações com viés comunitário

---

[47] Para a publicação do livro, optamos por corrigir a gramática das mensagens enviadas pelo público, sem haver alteração no sentido das frases.

que citamos anteriormente neste livro. É a emissora assumindo o papel de pessoa (Jost, 2010) e parceira do público na tentativa de solucionar demandas que, por vezes, a voz solitária do morador não consegue fazer ecoar até chegar a quem teria condições de atender.

Entre as perguntas, uma delas teve 100% de respostas iguais. Quando questionados se enviam mensagens para outros veículos de comunicação, todos disseram que enviam apenas para a NDTV. Esse resultado é mais um indicativo do quanto os telespectadores se sentem próximos da emissora, desenvolvendo uma relação de fidelidade com os programas exibidos. Outras respostas corroboram essa interpretação, como o fato de a maioria dos participantes afirmar que assiste ao telejornal todos os dias da semana, inclusive aos sábados, quando o jornal é exibido de Florianópolis para todo o estado de Santa Catarina.

Outro aspecto interessante é o fato de o público parar outras atividades enquanto o telejornal é exibido para assistir à programação. Essa percepção chama a atenção, principalmente, em um momento em que despontam estudos sobre a utilização de diversas telas enquanto se assiste à TV. Por outro lado, esse telespectador do *Balanço Geral*, mesmo afirmando interromper outras atividades, é um público que está conectado, ao menos, com a programação de maneira on-line, já que, diante de algum fato relevante, utiliza o aplicativo WhatsApp para se comunicar com a emissora.

Outro indicativo importante apontado nas respostas é que a utilização do WhatsApp pode ser considerada uma evolução no modo de participação junto aos veículos de comunicação, já que cinco respondentes indicaram que, antes de usar o WhatsApp, já faziam ligação telefônica para veículos de comunicação. Ou seja, o entendimento sobre o motivo e como manter essa relação com um veículo de comunicação não é uma novidade para esse público. Eles adaptaram uma prática que já era vivida por eles. Assim como a televisão foi evoluindo à medida que novos formatos de participação iam surgindo, o público da televisão também acompanhou essa atualização, mantendo viva a relação de proximidade e pertencimento. As demais respostas, em números absolutos[48], podem ser conferidas a seguir.

---

[48] O número ao lado da alternativa indica quantas vezes aquela opção foi escolhida pelos participantes.

Figura 19 – Periodicidade com a qual assiste ao telejornal

Você assiste ao Balanço Geral Joinville quantos dias na semana?

- Todos os dias, inclusive sábado (4)

- De segunda a sexta-feira (3)

- Pelo menos 3 vezes na semana (1)

- Pelo menos 1 vez na semana (0)

Fonte: a autora

Figura 20 – Comportamento enquanto assiste ao telejornal

Como é o seu comportamento enquanto assiste ao Balanço Geral Joinville? (pode escolher mais de uma resposta)

- Normalmente eu paro outras atividades, sento e assisto o jornal inteiro (5)

- Vou assistindo e fazendo outras atividades (3)

- Troco de canal várias vezes para encontrar assuntos que me interessam (0)

- Não costumo assistir ao Balanço Geral Joinville (0)

Fonte: a autora

Figura 21 – Uso do celular enquanto assiste ao telejornal

Enquanto assiste ao Balanço Geral você costuma olhar o celular?

- Pego o celular para enviar alguma mensagem para a TV (7)

- Sim, vejo o WhatsApp ou outros aplicativos como Facebook, Instagram (1)

- Não fico com o celular por perto (0)

Fonte: a autora

Figura 22 – Como se classifica como telespectador

Como você classifica a sua participação no Balanço Geral Joinville?

- Interessado (presto atenção nos assuntos que eles pedem para comentar e comento) **(4)**

- Colaborativo (sempre tenho opinião, envio outros assuntos interessantes para o jornal) **(2)**

- Observador (mais assisto e observo a participação de outros telespectadores) **(1)**

- Ocasional (envio mensagem raramente para o Balanço Geral) **(1)**

Fonte: a autora

Figura 23 – Companhia enquanto assiste ao telejornal

Outras pessoas assistem ao Balanço Geral Joinville com você? Quem? (pode escolher mais de uma resposta)

- Assisto sozinha ou sozinho **(3)**

- Marido ou companheiro **(3)**

- Filho ou filha **(2)**

- Mãe **(1)**

- Pai, esposa ou companheira, irmão ou irmã, avó, avô, outro familiar, vizinho **(0)**

Fonte: a autora

Figura 24 – Comportamento antes de enviar a mensagem

Você conversa com essas pessoas sobre a tua opinião antes de mandar mensagem para o WhatsApp do Balanço Geral?

- Não converso com eles **(3)** - as três pessoas que escolheram essa resposta, na anterior disseram que assistem sozinho ao jornal

- Às vezes converso, depende o assunto **(3)**

- Sim, primeiro converso com quem assiste comigo sobre o que vou mandar **(2)**

Fonte: a autora

Figura 25 – Como iniciou a participação

O que fez com que você começasse a enviar mensagens para o WhatsApp do Balanço Geral Joinville? (pode escolher mais de uma resposta)

- A minha opinião pode ajudar outras pessoas que estiverem assistindo (7)

- Tinha curiosidade de ver se iam exibir a minha mensagem (2)

- Sempre quis participar do jornal (0)

Fonte: a autora

Figura 26 – Histórico da participação em outros veículos

Antes de surgir o WhatsApp, você já tinha contato com algum veículo de comunicação, como rádio, TV ou Jornal?

- Sim (3)

- Não (3)

- Eu tinha vontade, mas não sabia como participar (2)

Fonte: a autora

Figura 27 – Modos da participação em outros veículos

Você costumava enviar cartas ou ligar para emissoras de rádio, televisão ou para o jornal antes do WhatsApp? (pode escolher mais de uma resposta)

- Fazia ligação de telefone (5)

- Não (3)

- Mandava carta (0)

- Eu ia pessoalmente no jornal, rádio ou TV para conversar com o jornalista (0)

Fonte: a autora

Figura 28 – Modos da participação em outros veículos de familiares e amigos

Quando você era criança, alguém da sua família fazia ligação ou enviava carta para a rádio, TV ou jornal?

- Não (6)

- Não lembro (1)

- Sim (1)

Fonte: a autora

Figura 29 – Quem foi referência em participação em veículos de imprensa

Se a tua resposta anterior foi "SIM" quem era a pessoa que enviava carta ou ligava? (pode escolher mais de uma resposta)

- Mãe (1)

- Outra pessoa (1)

Esta pergunta teve apenas 2 respostas

Fonte: a autora

A partir das respostas apresentadas, percebe-se que, mesmo quem não teve exemplos de modos de participação na infância, com o decorrer da vida, teve algum tipo de vontade de participar ou então reconheceu nos veículos de comunicação uma oportunidade de se expressar de forma que mais pessoas fossem alcançadas pela mensagem.

5.3 A REALIZAÇÃO DO GRUPO DE DISCUSSÃO: ON-LINE E PRESENCIAL

A segunda etapa da coleta de dados foi composta por dois momentos. Primeiro, um grupo de discussão do qual participaram os mesmos oito telespectadores identificados anteriormente. Durante uma semana, o grupo discutiu sobre os conteúdos exibidos no *Balanço Geral* e a participação dos telespectadores por meio do WhatsApp. A coleta de dados, nessa fase, ocorreu entre os dias 27 de fevereiro e 3 de março de 2023. A escolha da semana é por ela estar fora de períodos comemorativos, como ocorreu no Carnaval e no aniversário de Joinville, celebrado no dia 9 de março. Ao optar por essa semana, constatou-se que ela não teria datas que pudessem alterar a programação significativamente.

Os oito telespectadores já participavam da pesquisa desde o início da coleta de dados empírica e, por esse motivo, conheciam as etapas. Desta forma, já estavam cientes sobre a formação de grupo de WhatsApp para proporcionar esse momento de discussão. A escolha do grupo de WhatsApp, nesse momento, deu-se por entendermos que aquele já é um espaço conhecido, o local de fala desse público, visto que os componentes chegaram até essa fase da pesquisa justamente por participarem ativamente por meio do WhatsApp do *Balanço Geral*.

Logo após a criação do grupo, optei por enviar uma mensagem reforçando qual era o objetivo do grupo. A primeira mensagem foi em texto[49], e depois enviei dois áudios explicando que todos poderiam conversar à vontade sobre os assuntos referentes ao *Balanço Geral Joinville*, dizer de quais temas gostavam e de quais não gostavam de ver no WhatsApp do telejornal. A ideia de fazer parte da mensagem em texto e outra em áudio foi para incentivar a participação daqueles que se sentissem mais à vontade mandando áudio. Essa estratégia de incentivar a participação das duas formas foi utilizada mais de uma vez durante a semana. Todos os participantes responderam dizendo que haviam gostado da maneira como a proposta havia sido feita. A segunda-feira, 27 de fevereiro de 2023, foi o primeiro dia de discussão no grupo. Sempre que necessário, como responsável pelo grupo, reforcei o objetivo da pesquisa, as formas como eles poderiam participar e o quanto era importante o comentário de cada um deles.

Entretanto, mesmo sendo o WhatsApp um aplicativo de mensagem utilizado frequentemente pelo grupo, durante a semana em que esta coleta de dados foi realizada, foram necessárias várias intervenções, a fim de motivar a participação. De fato, não foi um processo simples e fácil. Em momentos específicos, foram usadas técnicas que estimulam o engajamento, como elogio e agradecimentos pela participação, além de perguntas direcionadas feitas a cada um dos participantes. Também foi necessário fazer

---

[49] Boa noite, pessoal. Tudo bem? Como falamos esses dias, chegou a hora de montarmos o grupo para conversarmos um pouco sobre as participações pelo WhatsApp do *Balanço Geral*. Optei por adiar um pouco essa análise, para esperar passar o feriado de Carnaval, que pode alterar a programação da emissora. Vou mandar um áudio explicando como pensei em fazer e vocês me dizem se pode ser assim.

intervenções individualizadas com os participantes para incentivar que os comentários continuassem sendo feitos. Essa prática, apesar de não recomendada por estudiosos do grupo de discussão, foi necessária diante da utilização de um formato on-line, no qual a efemeridade se faz presente o tempo todo. Na internet, o tempo das coisas é instantâneo, e deixar passar a oportunidade de perguntar ou incentivar que se fale mais sobre um tema faria diferença no resultado da pesquisa. Por esse motivo, optei por deixar que a experiência como produtora de telejornalismo também direcionasse o caminho da pesquisa, reconhecendo a necessidade do público em ter sua opinião valorizada e incentivada.

Com as técnicas adotadas, foi possível coletar dados relevantes para a pesquisa que, somados aos coletados durante o encontro presencial, resultaram em achados importantes para os estudos de recepção em televisão regional. As participações ocorreram, de forma mais intensa, quando eram abordados assuntos de interesse da comunidade ou questões que envolvem o lado emocional do ser humano. A coleta de dados com o grupo de discussão pelo WhatsApp trouxe apontamentos que reforçaram algumas participações que já vinham sendo observadas desde a aplicação dos formulários.

Figura 30 – Conversa entre os participantes mostra a fidelidade à emissora e como entendem a lógica de exibição das mensagens.

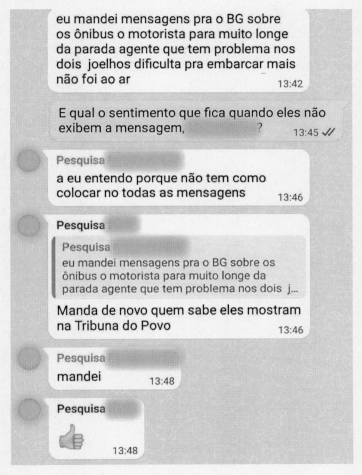

Fonte: a autora

Nesse recorte feito sobre a participação, eu havia questionado no grupo se alguém chegou a enviar mensagem para o *Balanço Geral* naquele dia. Uma das participantes diz que sim, mas relata que não foi exibida. Nesse momento, aproveitei a oportunidade para questionar sobre o sentimento que fica quando a mensagem não vai ao ar. A resposta ocorre praticamente no mesmo instante e reflete um conhecimento do público sobre o tempo na televisão. A contribuição da participante mostra que ela entende que são feitas escolhas sobre o que vai ou não ser exibido. Na sequência, outra participante orienta para que envie novamente, talvez para ser exibido no programa *Tribuna do Povo*, que vai ao ar logo após o *Balanço Geral*. Com essa conversa, percebemos dois apontamentos importantes. O público é fiel à emissora da TV, e não apenas a um programa específico. Além de entender sobre a lógica do tempo na televisão, que é limitado, também sabe que as mensagens são lidas em tempo real quando a programação está no ar, portanto precisa enviar de novo porque a anterior já ficou para trás.

Figura 31 – Recorte de mensagens coletadas no grupo de discussão on-line

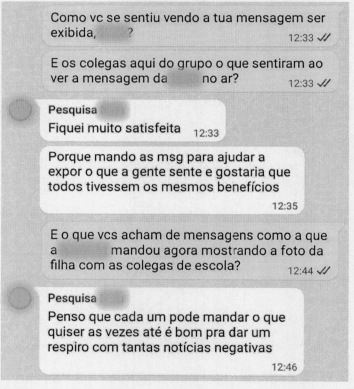

Fonte: a autora

Figura 32 – Recorte de mensagens coletadas no grupo de discussão on-line

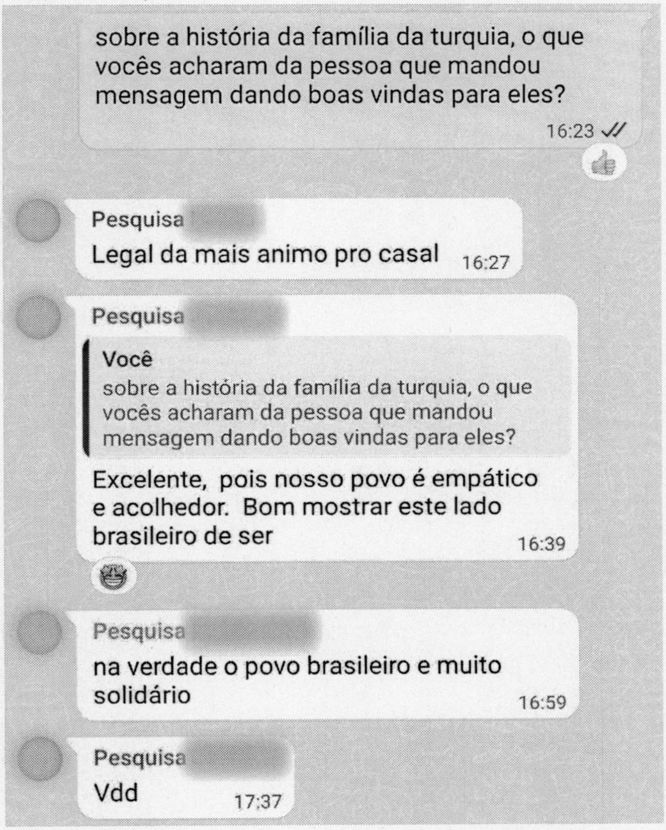

Fonte: a autora

Na Figura 32, percebemos três situações expostas pelo público que participa por meio do WhatsApp do telejornal: não há problema com mensagens de cunho pessoal, há satisfação quando a mensagem é colocada no ar, e a superficialidade dos comentários não é considerada ruim.

Uma das premissas desta pesquisa era de que o público gostaria de ver mais assuntos sendo exibidos que estivessem relacionados ao coletivo. Porém, durante a análise dos dados, percebemos que não há oposição na exibição de mensagens de cunho pessoal, ou ainda que foquem na superficialidade das opiniões, naquilo que chamamos de senso comum. Argumentos como "na verdade, o povo brasileiro é muito solidário" ou ainda "nosso povo é acolhedor" são amplamente difundidos entre a população.

Figura 33 – Recorte de mensagens coletadas no grupo de discussão on-line

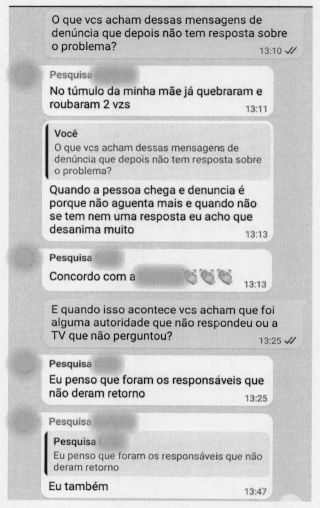

Fonte: a autora

    Essa conversa entre os telespectadores traz para a discussão a importância de o jornalista trabalhar a participação do público com o olhar profissional e baseado em princípios técnicos e éticos da profissão. A mensagem de reclamação ou denúncia, como é popularmente reconhecida pelo público, não é um simples momento de desabafo. Ela é considerada o ponto alto da reclamação, é feita quando já não há mais a quem recorrer e, por isso, necessita de um retorno. A mensagem do telespectador não pode ser usada na programação apenas para preencher o tempo do jornal. E mais do que isso, o telespectador não reconhece no jornalista a figura de alguém que não perguntou, que não foi atrás daquela resposta. Quando a mensagem é lida e não tem a devida resposta, a "culpa" é automaticamente transferida para o poder público ou para quem seria o responsável por resolver aquela situação.

Figura 34 – Recorte de mensagem coletada no dia 27/02/2023

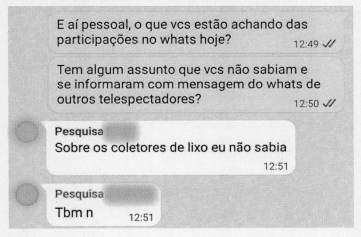

Fonte: a autora

Figura 35 – Recorte de mensagem coletada no dia 02/03/2023

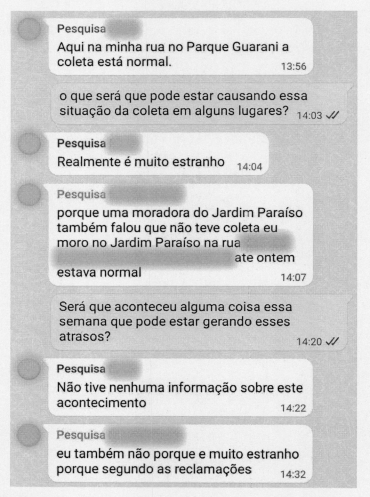

Fonte: a autora

O objetivo, nesse momento, foi verificar se o público conseguia fazer as ligações de acontecimentos observando as mensagens exibidas no WhatsApp. No primeiro dia da coleta de dados, ocorreu uma paralisação dos profissionais que trabalham com a coleta de resíduos em Joinville. Os participantes da pesquisa disseram que ficaram sabendo do assunto pelas participações no WhatsApp. Durante toda a semana, a coleta de resíduos foi um dos temas abordados, e, no último dia do grupo de discussão on-line, um dos participantes comentou que, na região onde mora, a situação estava normal. Foi então que a pesquisadora utilizou a oportunidade para verificar se poderiam ser observados indícios de que os temas poderiam ser trabalhados em forma de suíte[50] também pelo WhatsApp. Porém, os mesmos participantes que afirmaram terem sido informados pelo WhatsApp sobre a paralisação não conseguiram ligar aquele como o motivo para os atrasos ou a falta de coleta nos demais dias da semana. Desta forma, percebe-se também a importância de o jornalista fazer essa relação quando lê uma mensagem que complementa algo falado ou exibido anteriormente. Essa conexão pode facilitar o entendimento do público e auxiliar na formação de opiniões.

O segundo momento da coleta de dados ocorreu em um encontro presencial. A reunião foi marcada para o dia 10 de março de 2023, na semana seguinte em que a atividade no WhatsApp havia ocorrido. A escolha do horário (8h30) e local (região central de Joinville), em um prédio com salas para *coworking*, deu-se em conversa com os participantes para facilitar o deslocamento e para que os membros do grupo se sentissem seguros em se deslocar ao encontro de pessoas que, até então, eles conheciam apenas pelo Whats da TV ou então no grupo de discussão.

Durante o grupo de discussão no WhatsApp, a **participante E** saiu do grupo e optou por não continuar na pesquisa. Por isso, os outros sete integrantes foram convidados a participar do encontro presencial. Cinco deles confirmaram presença, porém, no dia do encontro, as participantes **A e H** informaram que não teriam como comparecer. Os participantes **C e D** já haviam dito que não iriam. Sendo assim, a reunião presencial ocorreu com a participação de três integrantes **(B, F e G)**, além de mim. E veremos a análise dos discursos coletados a seguir.

5.4 UMA ANÁLISE DO QUE DIZ O PÚBLICO QUE PARTICIPA E ASSISTE AO BALANÇO GERAL

Ao compreender os hábitos, comportamentos e discurso dos participantes desta pesquisa a partir das respostas dos formulários e no grupo de discussão, três considerações se fazem fundamentais para o início da análise.

Primeiro, o público é colaborativo e interessado, resultando em uma audiência ativa (Pereira Junior; Alves, 2017). Colaborativo no sentido de que-

---

[50] No jornalismo, o recurso é usado para continuar abordando o tema em dias seguintes após a exibição factual.

rer, de alguma forma, ajudar outra pessoa, já que a maioria dos respondentes alegou que auxilia outros telespectadores quando envia um comentário. E interessado no sentido de acompanhar e se dispor a debater questões que são apresentadas durante o programa e que interferem no dia a dia da sociedade. O segundo ponto: não é possível fazer a separação desse público por audiência de programas. Apesar de a grade da emissora ser dividida entre três programas no horário das 11h50 às 15 horas, eles são telespectadores assíduos, por vezes, amigos da NDTV Record TV e não telespectadores exclusivos do *Balanço Geral Joinville*. E, por fim, os participantes desta pesquisa assumem funções de liderança para familiares ou amigos.

Em um primeiro instante, a fala: *"Quando tem um jornalismo sério, aí dá gosto, mas a partir da hora que você tá vendo que não é sério, desestimula em tudo"* (**participante G**, durante encontro presencial)[51] pode até parecer mais um daqueles discursos prontos em que o telespectador quer de alguma forma elogiar a atuação do jornalista ou de um profissional do qual é fã. Porém, ao se aprofundar nos relatos de vida dos participantes desta pesquisa, é possível afirmar que há, em paralelo com a construção da audiência, o fortalecimento da credibilidade (Coutinho, 2022) e da confiança, dois conceitos que fazem parte da definição do que os telespectadores chamam de jornalismo sério. Essa opinião fica explícita no discurso do **participante G**, que relata já ter sido personagem em uma reportagem exibida pela emissora depois de ser vítima de um roubo. O fato de, após o participante deixar o hospital, a emissora o ter procurado para ouvir a sua versão dos fatos fez com que a relação fosse ainda mais fortalecida. A confiança de que, assim como os jornalistas agiram com ele, agem também com outros entrevistados resulta na qualificação do jornalismo feito pela emissora como verdadeiro e sério, além de próximo do dia a dia das pessoas. É o que Wolton (1996) retrata ao expor o conceito de laço social. O mesmo sentimento é verificado no discurso da **participante B**, que conta já ter sido entrevistada e que a emissora exibiu aquilo que ela havia dito em uma reportagem de comportamento que questionava se o dinheiro traz felicidade. O que a participante quer dizer é que, a partir da experiência vivida por ela, inferiu que o jornalismo da emissora não deturpa aquilo que é dito pelas fontes. É importante esse apontamento diante do momento em que vivemos do avanço das *fake news* e da tentativa de alguns representantes políticos e sociais atribuírem a responsabilidade sobre temas duvidosos ao jornalismo.

---

[51] Discurso coletado durante o encontro presencial, realizado com três telespectadores do grupo de discussão.

Essa relação de confiança e credibilidade, para Jost (2010), é construída diariamente durante as escolhas editoriais dos veículos de comunicação. Para o jornalismo, é um processo natural de seleção da notícia de acordo com critérios de noticiabilidade estudados e discutidos neste livro. O fato de procurar uma vítima para ouvi-la sobre um crime é característico de programas policiais, ou alinhados com a pauta da segurança pública. No dia a dia jornalístico, esse movimento também se enquadra com o fato de ter suítes de temas que foram amplamente discutidos ou chamaram a atenção, que tendem a comover a sociedade ou, ainda, que geraram apelo naquele público.

Já a reportagem que tinha como gancho a relação entre dinheiro e felicidade aborda um tema que faz parte do cotidiano da população. Afinal de contas, quem não quer ser feliz e quem não está envolto nas entranhas das relações proporcionadas pelo dinheiro? Mas, nesse caso, é mais que isso: ao ver a sua versão dos fatos, ou a sua opinião na tela da TV, sendo transmitida e podendo ser vista por milhares de pessoas, o telespectador tem o sentimento de empoderamento. É o momento em que ele ocupa um espaço de relevância, de alguém que tem informação suficiente para contar, explicar, falar, que sabe mais que o outro que assiste. É também uma relação de poder hierárquico que diferencia o telespectador que fala daquele que consome o conteúdo.

Quando falamos do fortalecimento da credibilidade e da confiança, acreditamos que a participação do público está diretamente relacionada com a maneira como esse público se percebe como telespectador. Na transcrição da conversa do grupo de discussão, não são poucas as vezes em que os participantes se referem ao programa usando o nome do apresentador ou apresentadora, até mesmo do repórter. Eles dizem "na Keltryn, [...], na Sabrina", ao se referirem aos programas *Ver Mais* e *Balanço Geral Joinville*, respectivamente. Ou seja, o próprio telespectador se identifica como alguém próximo da emissora. É como se ele estivesse se referindo a um amigo, como se falasse com alguém e sobre alguém que faz parte do dia a dia, e não a um programa ou emissora de TV com interesses econômicos e de audiência bastante definidos.

Essa relação de confiança é que faz com que o público responda ao chamado dos apresentadores para enviar comentários. *"Se eles perguntam, é porque querem saber"*, diz a **participante F** ao ser questionada também sobre o tipo de relação que mantém com os apresentadores. É nesse momento do grupo de discussão que eles se mostram íntimos do jornalista, detalham como é a relação, têm conhecimento dos trejeitos e comportamento de cada um dos apresentadores; ressaltam o profissionalismo, reconhecem o fato de que são funcionários de uma emissora, mas que são "gente como a gente", que gostam de conversar, que visitam a casa de seus telespectadores e até seguram crianças no colo.

Parece mesmo com o relacionamento que se desenvolve com familiares, amigos ou vizinhos. O contato fica tão próximo ao ponto de não distinguir o que é relação profissional, como quando um apresentador vai fazer uma gravação na casa da pessoa, ou quando lhe é exigido bom relacionamento com o público durante a programação ao vivo. É até difícil para quem está fora perceber os limites entre o jornalismo, como profissão, e a relação de amizade, visto que, na prática, o jornalista e, principalmente, o profissional que trabalha com telejornalismo regional necessitam preservar a relação com as fontes (Coutinho; Emerim, 2019). O telejornalismo, por si só, causa essa percepção de proximidade no público. Martín-Barbero (2006) já dialogava sobre isso quando dizia que, na televisão, os rostos eram próximos. Ou seja, na TV, principalmente regional, nada daquilo que possa ser longe do público, nada de apresentadores e repórteres intocáveis. Estar perto do público é viver o cotidiano que diariamente é exibido na TV. Por isso, é necessário que repórteres e apresentadores conheçam as realidades do seu público, vivam a cidade, para que possam falar sobre ela com certa propriedade. É essa identificação com o local em que o público vive que faz a diferença para mais ou para menos nos níveis de interação e participação. O público conhece a sua realidade e percebe quando o jornalista destoa daquilo que ele vive na prática.

Como cultivam essa relação de proximidade, os telespectadores são também reconhecidos pelos jornalistas. Esse movimento contrário, de mostrar que o jornalista os conhece, faz com que assumam essa relação de liderança diante das pessoas de seus círculos sociais. Como exemplo, citamos o fato de o **personagem G** ter o telefone pessoal de um dos apresentadores e conversar com ele por esse número. Não é um amigo que vai ser solicitado a qualquer momento, é um contato valioso que deve ser acionado em situações específicas, como o fato de entender por que a emissora não envia sinal para uma cidade vizinha a Joinville[52]. Esse tipo de relacionamento fortalece, com esse público, a relação de confiança e proximidade,

---

[52] Situação relatada no encontro presencial do grupo de discussão.

como discutido por autores como Martín-Barbero (2006) Rincón, 2019) e Coutinho e Emerim (2019).

É também a partir do afeto (Sodré, 2006, 2009) que se fortalece esse sentimento de pertencimento e relevância no grupo que comenta, interage e participa dos programas. Além de atender a um chamamento da apresentadora do *Balanço Geral Joinville*, durante a participação do público, ocorre um processo semelhante à formação de rede que vemos na internet e é objeto de estudo de pesquisadores como Brignol, Cogo e Martínez (2019). Na televisão, é a criação de rede de compartilhamento de informação, conhecimento e, até mesmo, de acolhimento da emissora com o público. Os próprios telespectadores se reconhecem como partes de um processo que enriquece e diversifica a programação produzida pelos jornalistas. Os participantes desta pesquisa, por vezes, definiram-se como pessoas de bem, um grupo interessado em discutir o melhor para a sociedade, ou, ainda, um grupo que, além de interagir, é reconhecido pelo telejornal como telespectadores que cooperam com a programação.

5.5 MAS NO FIM, O QUE MOTIVA A PARTICIPAÇÃO?

Na opinião dos telespectadores, os motivos que estimulam a participação são: a) atender ao pedido da apresentadora para que enviem as suas opiniões sobre os temas propostos; b) discutir assuntos de interesse e relevância para a sociedade, como segurança pública e trânsito; c) compartilhar opiniões pessoais e situações que já foram vividas pelos próprios telespectadores. Além disso, ao citar o engajamento extremamente perceptível quando o assunto é animais de estimação, o telespectador justifica isso pelo fato de atualmente "todo mundo" ter um *pet* em casa.

Mesmo que a apresentadora do telejornal convide e incentive a participação, a discussão se dá em torno de temas que impactam na vida da sociedade (Rincón, 2019). Ainda durante o grupo de discussão no WhatsApp, o vandalismo em cemitérios, que culturalmente são espaços de memória e afetividade, ganhou relevância quando o *Balanço Geral* exibiu a mensagem de uma telespectadora que não fazia parte da pesquisa, mas que relatava a situação enfrentada em um cemitério público da cidade. Os participantes do grupo solidarizaram-se com a telespectadora e contaram que também vivem esse drama. O tema, com forte apelo emocional, voltou a ser citado quando questionado sobre quais os assuntos que haviam marcado a semana anterior. Novamente, a discussão ganhou espaço considerável, com as

participantes B e F relatando o quanto isso era difícil para elas e que é uma situação que merece atenção do poder público, pois é vista como uma falta de respeito com aqueles que já contribuíram com a sociedade e hoje estão sepultados ali.

Além disso, o tema também se relaciona com as questões de segurança quando as participantes relatam o medo de irem ao local sozinha. A insegurança nesses locais está impregnada na opinião do público, que é capaz de enumerar situações que eles passaram ou que conhecidos presenciaram envolvendo a falta de segurança nos cemitérios. Como medida para a contenção dos atos, o público lembra e sugere que os portões voltem a ser fechados durante a noite, como já ocorreu anteriormente. Esse fato, mesmo não estando explícito no discurso dos telespectadores, pode ser interpretado como uma ação colaborativa e interessada. Não basta apenas apontar os problemas, esse telespectador que participa está disposto a também propor soluções que melhorem o dia a dia da população como um todo. Além disso, como apontam Pereira Júnior e Cerqueira (2019), o telejornalismo regional ocupa esse local de referência para discussões do gênero, ao se estabelecer como mediador e espaço de acolhimento do tema.

Isso demonstra não só estarem inseridos nessas discussões do cotidiano, mas trazem reflexos daquilo que está no subconsciente, como o fato de terem como exemplo outras pessoas que já tiveram conquistas na comunidade em que viviam. É o exemplo citado pela **participante F**, que, mesmo alegando não ter tido exemplos anteriores de familiares ou amigos que interagiam com outros veículos de comunicação, relata que a mãe era uma pessoa preocupada com melhores condições para a região em que viviam, sendo a responsável por batalhar pela instalação da energia elétrica e da água encanada para aquela comunidade. Repare que a participante, quando questionada, diz não lembrar de exemplo de familiares e amigos que se relacionavam com a imprensa na tentativa de solucionar e expor demandas, mas, ao aprofundar questões de envolvimento com a comunidade, fica explícita a influência dentro de casa para que até os dias de hoje esteja atenta aos assuntos que interferem e dizem respeito à comunidade em que vive.

O apelo emocional é visto também no discurso das **participantes B e F**, quando elas se referem ao *Ver Mais*, um programa de variedades exibido entre 14h30 e 15h15. As duas mulheres afirmaram que assistem e gostam de compartilhar com outros telespectadores assuntos de relacionamento. Às quartas-feiras, o programa exibe um quadro chamado "Quarta do Amor", que aborda temas sobre casamento e relacionamento entre casais. A confiança de que serão compreendidas pela apresentadora faz com que se abram, e como citado por uma das participantes, "se exponham", para que outras pessoas entendam como elas lidam com as questões apresentadas.

Desde as primeiras fases da coleta de dados para a pesquisa, ficou evidente que o telespectador envia mensagem e aguarda para que ela seja exibida ao vivo. A exibição e, principalmente, o comentário do apresentador após a leitura são vistos como sinais de aprovação do conteúdo. Significa para o público que, diante de todas as mensagens recebidas, a dele está entre as mais relevantes e, por isso, mereceu espaço na programação.

Para o público, essa participação é vista como uma concorrência, que não pode ser vencida todos os dias. Mas isso não significa que a mensagem foi ignorada, pelo contrário, é do entendimento deles que, na televisão, o horário é limitado e, por isso, não é possível exibir todas as mensagens enviadas.

5.6 O SENTIMENTO DE PERTENCIMENTO A UMA COMUNIDADE

Relacionar-se com a imprensa, para alguns dos telespectadores participantes da pesquisa, não é uma novidade que surgiu com as facilidades do WhatsApp. Alguns deles já mantinham contato com veículos de comunicação, principalmente usando o telefone. O **participante G** é um exemplo ao relatar que usava, inclusive, o Tele-Mural[53] para fazer anúncios e ligava para rádios e jornal impresso a fim de publicar anúncios. A diferença, segundo ele, é que hoje você tem condições de saber que pelo menos a imprensa leu a sua mensagem, já que antes só tinha essa segurança se tivesse sorte e conseguisse conversar com algum jornalista ou comunicador que atendesse à ligação.

Um ponto que, na opinião desta pesquisadora, seria polêmico para o público é a edição das mensagens enviadas pelo telespectador antes da exibição. A emissora de TV usa da edição para evitar que as mensagens sejam publicadas com erros de ortografia, para reduzir o tamanho do texto, ou deixar a opinião do público de forma mais direta. Porém, os participantes disseram não ver problema na edição que "troca as palavras"[54], mas deixa o texto mais direto e fácil de ser compreendido pelos demais telespectadores.

---

[53] Detalhado no subcapítulo 2.4 deste livro.

[54] Expressão usada durante o encontro presencial.

Adiante veremos que esse é um ponto que pede mais empoderamento do público, mesmo que reconheça o jornalista como capacitado para a seleção das mensagens e edição dos textos (Musse; Thomé, 2015).

A edição e seleção são, inclusive, apontadas como um momento importante e que impede que mensagens enviadas na euforia ou com posicionamento mais exaltado sejam exibidas. Segundo os participantes da pesquisa, essa seleção garante que as mensagens exibidas vão de alguma forma enriquecer a discussão, ao invés de causar desconforto entre os telespectadores. Os participantes chegaram a citar situações que, depois de mandar a mensagem para a TV, torceram para que não fosse exibida para evitar conflitos com a comunidade em que estão inseridos.

Por fim, diante do discurso dos participantes, é possível afirmar que enviar mensagem para a TV faz com que se sintam inseridos em uma comunidade televisiva interessada em participar da vida da cidade, um grupo capaz de, diariamente, opinar sobre os assuntos de interesse da população, por vezes sugerindo como a cidade deve ser administrada, ou como situações pontuais podem ser resolvidas em prol de uma convivência amigável entre os diferentes públicos que vivem no mesmo espaço.

6.

A RELAÇÃO COM OS MAPAS EM MUTAÇÃO DE JESÚS MARTÍN-BARBERO

Ainda no terceiro mapa, Jesús Martín-Barbero já dava indícios de que era necessário traçar um novo percurso para compreender as mutações culturais que a sociedade vive diante de um cenário de convergência midiática com a introdução da internet, dos aparatos tecnológicos, das redes e plataformas digitais. Tanto é que, ao discutir o conceito de *tecnicidade*, Martín-Barbero (2006) é enfático ao dizer que não é possível direcionar o olhar apenas para a questão tecnológica, mas, sim, para o todo que vinha com ela, inclusive as mudanças em como as pessoas passaram a se relacionar e interpretar o cotidiano. Essa inquietação do autor avança com a mesma intensidade que os processos comunicacionais se atualizavam diante do que a tecnologia propunha, entrelaçada com as mutações culturais da sociedade.

Diante disso, na proposta do quarto mapa, Jesús Martín-Barbero volta o olhar para os processos que envolvem essa relação que se constrói e se desconstrói diariamente entre receptor e os meios. O objetivo do autor, segundo Rincón (2019), é justamente compreender o *sensorium* presente no século XXI diante "da internet, celular, redes e plataformas digitais" (Rincón, 2019, p. 264). "O *sensorium* faz referência à sensação, à percepção e à interpretação da experiência cultural que habitamos"[55] (Rincón, 2019, p. 263). Já para descrever o que o autor entende por mutação cultural, Rincón faz uso de uma definição proposta pelo italiano Alessandro Baricco, em 2008.

> [...] estamos assistindo a uma nova cultura que se opõe à civilização letrada, ilustrada e moderna; uma cultura que pratica o superficial ao invés da profundidade, a velocidade ao invés da reflexão, a sequência ao invés da análise, a conexão ao invés da expressão, a multitarefa ao invés da especialização, o prazer ao invés do esforço (Rincón, 2019, p. 264, tradução nossa).

---

[55] Tradução nossa. "[...] el *sensorium* hace referencia a la sensación, la percepción y la interpretación de la experiencia cultural que habitamos".

Essas características estão, de fato, imbricadas na relação que estudamos durante esta pesquisa entre telespectador e emissora de televisão, seja pela forma como se dá a participação, seja pela intensidade e pelo nível que ela alcança. Como os estudos de recepção receberam atenção especial de Martín-Barbero por muitos anos, optou-se por analisar de que forma essa relação percorre a trilha do quarto mapa proposto pelo autor.

Escolhemos entrar no mapa pela "mediação narrativa" quando percebemos que, paralelamente à tecnicidade, pode ser utilizada para descrever a forma de participação do público que interage e participa da programação da NDTV por meio do WhatsApp. Veja que a maneira como a participação do público ocorre diariamente é a mesma. Todos os dias, a apresentadora do *Balanço Geral Joinville* convida e motiva a participação e o envio de mensagens; essas mensagens são enviadas da mesma maneira (texto, foto, vídeo) e pelo mesmo canal, que é o telefone do WhatsApp da emissora. Forma-se um misto dos conceitos de tecnicidade, ritualidade (presentes em mapas anteriores) e narrativas, já que o público identifica quais "tipos" de comentários têm maior ou menor chance de serem exibidos. Em algumas edições do jornal, há temas específicos que o telespectador é convidado a comentar; em outros, a participação é livre para que o público interaja com os assuntos que ele entenda terem mais relevância ou proximidade. Ao voltar o olhar para o telespectador, percebe-se que, nessa relação, há uma via que vai e volta, de acordo com as motivações recebidas e o interesse em fortalecimento de uma ou outra narrativa.

Durante o grupo de discussão, questionados se acreditavam que os convites eram uma forma efetiva de incentivar a participação e se eles aguardavam por esse convite, os telespectadores responderam que sim e que, se *"eles perguntaram, é porque querem saber"*, afirmou uma das participantes ao explicar o motivo de atender a essa solicitação da emissora pelo envio da mensagem. É também nesse cenário que se percebe o quanto a mediação da narrativa proposta por Martín-Barbero fica explícita, já que, com a participação do público, se desenrolam processos de reflexão sobre o tema abordado no telejornal.

Essas reflexões e opiniões compartilhadas com a TV, ao serem exibidas, entram para uma rede de conversação que é mediada pela televisão, mas que tem um alcance ou uma amplificação para um público muito maior do que teria se continuasse sendo feita apenas nos grupos em que esses telespectadores estão previamente estabelecidos, seja por proximidade geográfica, seja por outros motivos. Aliás, esse é um dos pontos que merecem reflexão. O alcance que a mensagem do telespectador recebe ao ser exibida imprime nela sinais de relevância e significação diante da rede formada pelos telespectadores na emissora. O discurso, que antes era restrito a um grupo, agora alcança diferentes públicos que vivem diferentes tempos e constroem diferentes espaços. Essa relevância que a mensagem recebe é indicada justamente pelo público do telejornal, que acredita ter enviado uma mensagem importante quando ela é lida pela apresentadora. Mais ainda quando há um comentário na sequência, reafirmando ou validando aquela opinião do público. É que na televisão, pela lógica de produção, tudo assume um caráter de imediatez. O assunto tratado agora é sempre mais importante do que o que foi discutido ontem para o público que assiste e acompanha a programação.

Essa rede formada diariamente nem sempre é composta pelos mesmos integrantes, já que o telespectador não tem a obrigação de assistir todos os dias ao mesmo programa ou à sua totalidade. Porém, abrange mesmo aqueles telespectadores que optam por não enviar uma mensagem, mas são alcançados pela mensagem enviada por outro telespectador. "A ideia de massa se afasta de uma imagem negativa do povo para passar a designar a tendência da sociedade a converter-se numa vasta e dispersa agregação de indivíduos isolados" (Martín-Barbero, 2006, p. 56).

Para Martín-Barbero (2006, 2012), essas redes de articulação utilizam-se de processos que estão relacionados ao conceito de tecnicidade para que produzam as narrativas e, consequentemente, resultem em discussões que interessem ao público, ou a uma comunidade, ainda que composta por esses indivíduos isolados. Isso ocorre com mais facilidade em redes formadas na internet, por exemplo, nas quais não há a mediação de um veículo de comunicação, como na televisão. Não é possível esquecer que, sendo um veículo de comunicação, é uma empresa que tem seus interesses comerciais e utiliza a produção jornalística como matéria-prima para alcançar, inclusive, esses objetivos econômicos.

Por isso, a eficácia e, principalmente, a imparcialidade desse discurso reproduzido são, por vezes, questionadas. Ao mesmo tempo que a televisão aumenta o alcance do que o público está dizendo, ao seguir a linha editorial ou os interesses de uma empresa privada, pode também propagar com mais facilidade assuntos ou posicionamentos de seu interesse e que são respaldados por alguns telespectadores que enviaram mensagens, imprimindo naquele discurso um ar de relevância para a sociedade que está inserida nessa rede comunicacional. É, portanto, fundamental compreender "a densidade das transformações que atravessam os modos de comunicar"[56] (Rincón, 2019, p. 265) para que esse processo seja entendido tanto por quem está produzindo conteúdo na redação, quanto pelo público que participa e por aqueles que assistem à programação.

Mesmo que os próprios participantes desta pesquisa afirmem que é possível perceber diferença entre conteúdo gerado pelo jornalista e pelo público, vale destacar que a televisão é um veículo com grande alcance popular e por onde as pessoas buscam informação, como indicam as pesquisas já citadas anteriormente. É por isso que a transparência com a forma como a informação está sendo tratada ganha tamanha importância. Diante disso, um dos pontos de choque identificados ao analisar os dados coletados junto ao público em paralelo com a teoria é que a informação destacada pelo público, por vezes em formato de opinião, pode ganhar um grau de relevância ao ser equiparada ao conteúdo produzido por um jornalista, com base em critérios técnicos de produção jornalística. Pelo discurso dos participantes da pesquisa, cabe à TV identificar aquilo que é importante, verdadeiro (mesmo que o conceito de verdade seja difuso) e relevante para os telespectadores em geral e, consequentemente, definir o que vai ou não ser publicado. Porém, a reflexão necessária passa por dois pontos principalmente: 1) entre os telespectadores que não enviam mensagens para a TV e, portanto, não conhecem como ocorre essa lógica de produção, é possível distinguir com facilidade a opinião do público daquele conteúdo jornalístico produzido? 2) até que ponto essa checagem, ou percepção da relevância imprimida na mensagem, é feita pelo jornalista que recebe a participação do público e coloca no ar? O temor se dá em um cenário que é de conhecimento público na área da comunicação: temos redações cada vez mais enxutas, profissionais cada vez mais atarefados e cobrados pelos resultados apresentados com base em índices de audiência e produções entregues. Ao mesmo tempo, o jornalismo opinativo ganha espaço nas redações. Ou seja, os jornalistas estão, de fato, assumindo o papel que o telespectador lhe deposita, de ser o detentor desse conhecimento, ou apenas "colocando no ar a mensagem do público" com objetivo de se mostrar próximo e relevante para aquele público?

---

[56] Tradução nossa. "Es preciso comprender la densidad de las transformaciones que atraviesan los modos de comunicar".

O que não se pode negar é que, mesmo nesse cenário, as transformações culturais e comunicacionais ocorrem em uma velocidade que, por vezes, assusta e coloca em discussão a forma de fazer com que o público tenha o espaço necessário para as suas reivindicações em um mundo cada vez mais comercial. Além disso, a mensagem enviada pelo público não pode ser vista apenas como uma opinião desprendida. Ela é carregada de significado, inquietações e questionamentos de uma comunidade. Ao afirmar que está insatisfeito com a maneira como os cemitérios estão sendo cuidados, por exemplo, esse público não está apenas relatando o que está pensando em relação àquilo. Ele está trazendo para um veículo de comunicação os seus saberes e sentimentos, formações culturais e sociais a respeito desse tema. Portanto, o processo de envio da mensagem não tem fim na exibição na TV. Ela se propaga e alcança pessoas que também se identificam com o tema, além dos representantes da sociedade que podem tomar medidas com relação ao assunto. Cabe ao jornalista, de fato, fazer com que a mensagem chegue a esses destinatários principais; no caso dos cemitérios, ao poder público responsável pela manutenção. Haja vista que, para o telespectador, quando não há uma resposta a essas demandas, a responsabilidade pelo "não retorno" é sempre do poder público, e nunca colocada nas mãos do jornalista que, como responsável pela seleção e edição do conteúdo, pode não ter feito com que a mensagem chegasse a esse destinatário.

Apesar de, neste livro, propormos a passagem pela "espacialidade", é o próprio Martín-Barbero que afirma não ter como separar esse conceito da "temporalidade". O tempo em que o telespectador vive hoje está diretamente relacionado aos espaços criados, vividos ou imaginados, sendo, como propõe o autor, o espaço das cidades um dos locais onde mais se percebem os reflexos das narrativas. Esse foi um dos apontamentos que verificamos também durante as discussões do grupo. Os participantes desta pesquisa, muito mais que telespectadores assíduos do *Balanço Geral Joinville* e dos demais programas exibidos pela NDTV, vivem a cidade que habitam. Isso quer dizer que eles não estão apenas nesse espaço geográfico, mas interagem, interpretam, entendem, se relacionam e criam esse espaço para viver. Além disso, mantêm relações emocionais e históricas com Joinville. Isso pode ser constatado a partir das diversas vezes em que, durante a discussão, os participantes lembravam momentos importantes para o desenvolvimento do município ou relacionavam situações atuais com fatos que presenciaram no passado.

Essa vivência da cidade é refletida diretamente nos comentários que enviam para a televisão e está também relacionada ao sentimento de pertencimento a uma comunidade. Ao viver a cidade, o participante assume com propriedade o papel de fonte como testemunha daquilo que já viveu e viu acontecer. Para o jornalismo local, são indicativos de proximidade com o tema ou assunto abordado que refletem em credibilidade. Ao pertencer a esse local, o telespectador se coloca como apto para, além de comentar sobre o que já viu, fazer sugestões de acordo com os aspectos culturais, sociais, econômicos e históricos em que está inserido. É também esse telespectador que identifica e, por meio das mensagens enviadas, valida a fonte escolhida para a reportagem. Afinal, ele também é um conhecedor da história do município, por exemplo.

É nessa relação que podem ser analisadas as falas do público quando as pessoas dizem serem cidadãs que buscam o melhor para a cidade. As participações tendem, normalmente, a indicar ideias, sugestões, soluções para aquilo que o próprio público identifica como uma prioridade a ser resolvida. Esse raciocínio vai ao encontro do que é discutido por Jacks, Toaldo e Oikawa (2016), ao afirmarem que o telespectador/leitor/ouvinte utiliza esses espaços de acordo com os seus saberes para fazer acontecer aquilo que deseja pelos canais midiáticos, seja nas mídias tradicionais, seja em redes sociais. É um novo *sensorium* (sentimento/sensação) proporcionado pela contemporaneidade e que, ao que as circunstâncias indicam, não são de simples compreensão, como afirma Martín-Barbero (2019).

Nesse contexto, também identificamos como o público, no papel de cidadão, ocupa seu espaço. Ainda de forma tímida, o telespectador aguarda o convite para participar e ver a sua mensagem ser exibida, fazendo o caminho contrário do que ocorria desde o início da implantação da TV no Brasil. Apesar de buscar essa proximidade com o público, é a partir da introdução da internet, das mídias e plataformas digitais que esse contato fica mais fácil e até mais barato. Como vimos anteriormente, não é novidade o espaço destinado ao telespectador na televisão no Brasil. O telespectador já foi visto como público, mas também personagem, sujeito de direito que reivindicou e lutou por demandas, que já utilizou a TV como entretenimento, mas é inegável que, nas duas últimas décadas, a televisão e, especialmente, o telejornalismo local e regional têm olhado diferente para essa participação, fazendo com que o telespectador também assuma um papel de produtor, não necessariamente da notícia, mas de conteúdo que contribui para essa produção.

TELEJORNALISMO REGIONAL E A PARTICIPAÇÃO DO PÚBLICO

O jornalista que cobre o cotidiano das cidades sabe que é no público que também estão as pautas, os acontecimentos do dia a dia e os fatos que são matéria-prima da notícia. O profissional reconhece que é o morador de determinadas regiões que, por vezes, conseguiu um registro exclusivo feito com celular do momento em que um fato ocorreu, ou ainda que é esse telespectador que conhece o funcionamento (ou o não funcionamento) de um serviço. Para respaldar a reportagem, rostos conhecidos não apenas de repórteres e apresentadores, mas também de moradores que ocupam posições de liderança no bairro, que são reconhecidos como quem tem um contato mais próximo com a emissora. É um público que se reconhece como participante, que sabe ocupar um lugar diferenciado na mídia, principalmente em veículos de produção local. É um público que necessita dar passos mais longos em direção à utilização desses espaços no jornalismo. A construção da cidadania dá-se também pelo empoderamento desses participantes, pela construção e pelo reconhecimento deles como sujeitos participantes ativos e que, de fato, sabem como fazer suas solicitações ganharem visibilidade. Como Rincón bem lembra, são articulações que perpassam vários conceitos do quarto mapa. "São articulações difusas, ambíguas, densas que dão conta de como a cultura repolitiza os espaços da comunicação e da tecnologia"[57] (Rincón, 2019, p. 266).

As redes assumem papel de relevância em discussões de temas que refletem na sociedade, além de se caracterizarem por serem espaços colaborativos e interativos, locais de encontro e, portanto, "grande promessa de liberdade, democracia, anunciação coletiva da mensagem [...] ativação cidadã, ativismo social e democracia expandida"[58] (Rincón, 2019, p. 272).

É inegável, portanto, reconhecer o papel importante que as redes formadas pelos telespectadores também na televisão, mesmo com conteúdo mediado, têm no processo de construção da cidadania e da identidade desse público. Ao ler a mensagem do telespectador, o conteúdo se propaga de forma que aqueles indivíduos reunidos em diferentes grupos tenham a possibilidade de se expressar, mas também de conhecer opiniões, dores, anseios e desejos de outras pessoas, que, talvez, pelos algoritmos, mesmo em redes sociais, não seriam expostos.

---

[57] Tradução nossa. "[...] son articulaciones que ponen en tensión mas que higienizan las relaciones entre tiempos y espacios y entre tecnicidades y sensorialidades".

[58] Tradução nossa. "Las redes son el espacio privilegiado de las tecnicidades y su gran promesa de libertad, democracia, enunciación colectiva del mensaje. Por eso, las redes son activación ciudadana, activismo social, democracia expandida".

6.1 RESULTADOS OBTIDOS A PARTIR DO PERCURSO PERCORRIDO NO MAPA

Voltando à reflexão proposta por Rincón (2019), ao trazer as características atuais da sociedade e citar a superficialidade com que os temas são tratados, parece essencial neste ponto da discussão entender que um dos principais resultados desta pesquisa mostra que não só o jornalista, como também o público, adota o perfil superficial ao comentar determinados assuntos, talvez pelo desejo em não aprofundar, ou por serem conteúdos difusos, que polarizam discussões na sociedade.

A observação das mensagens lidas ao vivo e dos comentários feitos pelos telespectadores durante a semana em que o grupo de discussão foi feito pelo WhatsApp revela isso. Com base em toda a teoria que ajuda a construir esse debate, esperava-se um público mais voraz por espaço e por direito à fala. O que se encontrou foi um público que, neste momento, está satisfeito com o espaço para participação, mas que, ao mesmo tempo, está disposto a testar novos formatos de interação. Esperava encontrar um público com um perfil muito mais questionador quanto às posições adotadas pela emissora de TV, principalmente sobre as edições da mensagem exibidas. O que se encontrou foi um grupo que reconhece no jornalista a figura capacitada para validar ou não a mensagem enviada, cabendo, inclusive, ao profissional optar pela não exibição quando a mensagem passa os tons aceitáveis pela sociedade.

De acordo com a participação dos telespectadores na pesquisa, podemos apontar que o que motiva a participação e o envio da mensagem são: 1) assuntos com que a comunidade desenvolve relação de proximidade e pertencimento; 2) a relação de credibilidade, confiança e proximidade desenvolvida com os jornalistas da emissora; 3) temas que ativam o lado emocional (como reportagens que abordam solidariedade e ajuda); 4) temas do cotidiano (explicitado nas respostas dos telespectadores, como passeio, lazer e animais domésticos).

Todos esses temas fazem parte do cotidiano da sociedade, estão explícitos nos espaços das cidades e imaginários das pessoas, integram e estimulam o desenvolvimento de redes, além de trazerem interligados o conhecimento cultural, social, político e econômico desse público do jornal. Além disso, como afirma Martín-Barbero (2012), esses cidadãos já não têm mais o que falar apenas sobre os seus locais. Eles têm a dizer para o país, para o mundo como um todo, por estarem em uma sociedade hiperconectada.

E saber como dizer é um dos principais desafios da contemporaneidade. Desta forma, pode-se afirmar que o quarto mapa proposto por Jesús Martín-Barbero (2019) é uma ferramenta atual para interpretar e compreender o mundo como sociedade em desenvolvimento cultural e social, mesmo diante de todo o avanço tecnológico.

Em um cenário de multitelas, os rostos conhecidos (e as falas conhecidas e reconhecidas) são essenciais no fortalecimento da credibilidade, essencial para o desenvolvimento do jornalismo local/regional.

> O telejornal, mesmo nesse cenário mais competitivo, continua sendo ambiente por onde passa essa agenda da pressão social em rede, onde se encontra referencialidade e legitimação, construídas e concebidas por saberes do método telejornalístico de construção da realidade, pela temporalidade e por dispositivos acionados pelos profissionais para tornar os fatos, discursos, decisões nacionais e locais ou nacionais com efeitos locais compreensíveis a qualquer cidadão comum. Afinal, não há referência no telejornalismo sem compreensão, entendimento, confiança em princípios de apuração, seleção e nominação dos acontecimentos (Pereira Júnior; Cerqueira, 2019, p. 47).

O jornalista que produz esse conteúdo vive a mesma cidade (mesmo que em espaços diferentes) que o público que comenta, participa e se coloca como ator na construção e debate da informação. Nesse processo, todos têm seus interesses pessoais, tanto o público quanto a emissora de TV. É por isso que a transparência deve ser enfatizada nessa relação. É preciso que público e emissora deixem explícitos os objetivos quando optam por um ou outro assunto ou posicionamento. Ao contrário, estabelece-se uma relação muito similar ao que é duramente criticada por Rincón (2019) quando lembra o posicionamento de Martín-Barbero diante do controle dos algoritmos. "Mais que cidadãos digitais, somos escravos do Google, Facebook, Netflix, já que nos manipulam porque sabem mais de nós que nós mesmos; mais que cidadãos livres, somos sujeitos de controle e vigilância política"[59] (Rincón, 2019, p. 272).

Sem dúvida, um dos principais apontamentos que este estudo nos apresenta é que a participação do público é reflexo de um processo de

---

[59] Tradução nossa. "[...] más que ciudadanos digitales, somos esclavos de Google, Facebook, Netflix ya que nos manipulan porque saben mas de nosotros mismos que uno mismo; más que ciudadanos libres somos sujetos de control y vigilancia política".

sentimento de pertencimento, e não ao contrário, como era uma das premissas desta pesquisa. Quando iniciamos esta pesquisa, acreditávamos que os estímulos à participação contribuiriam para que o telespectador se sentisse mais próximo da emissora. No decorrer do estudo, percebemos que o processo é ao contrário. Primeiro, o telespectador desenvolve o sentimento de pertencimento e proximidade com a emissora e o programa ao se identificar com os temas abordados. Depois, o telespectador cria laços de confiança e credibilidade com a emissora. Esses laços, por sua vez, também são desenvolvidos no caminho contrário, da emissora para o telespectador, que reconhece aqueles que mais participam da programação. Desta forma, podemos afirmar que não são os estímulos ou os convites para participar da programação que geram o sentimento de pertencimento. É o pertencimento que motiva a participação desse público. Ao participar, o telespectador entende que assume um papel de relevância dentro da programação e que a sua mensagem contribui para a sociedade como um todo, seja no debate de algum assunto, seja no compartilhamento de conhecimento empírico e opiniões.

Outra consideração importante que precisa ser pontuada como resultado é que, no processo de metodologia da pesquisa, havíamos proposto dois momentos do grupo de discussão, um deles de forma on-line no WhatsApp e outro presencialmente. Além disso, a ideia inicial era de que as conversas, nesse grupo do WhatsApp, ocorressem enquanto o *Balanço Geral* estivesse sendo exibido. Já no primeiro dia de formação do grupo de discussão, essa ideia precisou ser repensada. Não era possível considerar apenas as conversas que ocorriam durante a exibição do telejornal, visto que os diálogos se estabeleciam em horários diferentes. Outra questão é que, apesar de a maioria indicar que estaria presente no encontro presencial, apenas três participantes foram até o local do encontro.

Na fase de análise dos resultados, percebemos que as respostas tanto on-line quanto presencial indicavam um mesmo posicionamento daquele grupo. Foi no processo de investigação dos resultados da pesquisa que esse movimento do grupo de discussão ficou mais evidente, à luz da discussão proposta por Jesús Martín-Barbero ao falar de tempo e espaço. São dois conceitos que se complementam e que na contemporaneidade também assumem aspectos diferentes daqueles aos quais estávamos habituados.

> Você não precisa sair de casa para habitar o mundo, um celular nos conecta e nos faz viajar por espaços reais ou imaginários

> como nos videogames. O tempo não tem mais horários, ele flui. O tempo já é uma experiência cultural sem espaço. Nós somos simultaneamente: um sujeito que se move segundo horários, que habita mundos pela internet, que imagina cultura por meio de videogames, que acredita no mundo sem sair de casa (Rincón, 2019, p. 267, tradução nossa).

A partir dessa reflexão, é possível compreender o motivo de as discussões durante o grupo de discussão on-line não seguirem a ordem cronológica, ou ainda o motivo pelo qual alguns participantes não entenderam como prejudicial a não participação no encontro presencial. Esses participantes da pesquisa, ao mesmo tempo que contribuíram com o estudo, eram telespectadores e participantes da programação da NDTV Record Joinville e exerciam diferentes atividades simultaneamente. A participação na pesquisa e como telespectadores do *Balanço Geral* é uma ligação entre eles, mas o grupo de WhatsApp nos conectou. Como avalia Martín-Barbero (2012), não é preciso sair de casa para viver esse mundo onde a tecnologia nos conecta. E é por ela que podemos nos expressar, criando redes de relacionamento e laços sociais como se estivéssemos em um encontro presencial.

7.

AINDA HÁ MUITO O QUE SER DITO E VISTO EM ESTUDOS DE RECEPÇÃO

A observação atenta dos pesquisadores em Comunicação deve olhar para essas mutações com o anseio de quem quer, de fato, entender esse sentimento e movimento do público, sabendo que, a cada dia, ele pode ser diferente, já que é tensionado também pelas mutações culturais e sociais às quais está submetido na sociedade (Martín-Barbero; Rincón, 2019). Por parte da televisão, a velocidade de atualizações e ofertas de modos de participação é maior no caminho emissora-público do que ao contrário. No decorrer da pesquisa, constatamos que o anseio por novas e diferentes formas de participação é maior do ponto de vista da emissora do que do público, que está disposto a responder e participar quando é motivado, desde que já pertença àquele espaço.

Não é mais possível ignorar o que o público tem e quer dizer. Se nos primórdios o jornalismo já olhava para os acontecimentos sociais com atenção, sabendo que dali viriam as notícias, hoje, esse processo ocorre a todo instante. É nas comunidades que os fatos acontecem. Mais que isso, é a comunidade que está com o celular na mão, pronta para registrar o que está vendo, e esse conteúdo será usado na construção da notícia. Não usado essencialmente como o produto-fim, mas articulado com o conhecimento de um jornalista e as técnicas de produção, o vídeo, o áudio, a foto e o relato do morador ganham cada vez mais relevância, por serem um recorte da realidade no momento em que determinado assunto aconteceu.

Do ponto de vista do telespectador, o orgulho de pertencer a esse grupo que produz e debate assuntos de interesse para a sociedade coloca-o em um patamar de importância para a comunidade em que está inserido, ocupando uma função de liderança e sendo aquela pessoa que fala com o jornalista. É importante deixar isso claro, pois, mesmo as redes e plataformas digitais facilitando esse diálogo e essa proximidade, o jornalista é visto pelo público como um amigo, e como alguém que mantém outras relações com atores da sociedade e que, por isso, é capaz de auxiliar na solução das demandas da comunidade. O público fala, mas, quando o jornalista valida aquele tema, ele toma proporções e alcance que não teria se não fosse pela televisão ou outra mídia social. Para o telespectador, quando a verdade deixa de existir, a relação se quebra. É exatamente o que é defendido por Coutinho e Emerim (2019), quando explicam que, no jornalismo regional, a produção televisiva é próxima e reflete a função social do jornalista. A partir disso, são estabelecidos os acordos entre público e emissora de TV. São acordos de colaboração e pertencimento das duas partes. Ao mesmo tempo que o público se sente próximo e por isso colabora, o jornalismo também pertence àquele espaço e retribui utilizando as ferramentas que tem em mãos para dar visibilidade aos temas apresentados pela comunidade.

Esta pesquisa percorreu um caminho metodológico utilizando vários métodos para a coleta de dados, inclusive com a utilização do WhatsApp, e teve como principal operador metodológico Jesús Martín-Barbero, com seu quarto mapa. Além disso, a partir dos estudos realizados por pesquisadores como Coutinho e Emerim (2019), Finger (2019), Jacks, Toaldo e Oikawa (2016) e Jacks, Schmitz e Wottrich (2019), percebe-se que a expectativa quanto ao espaço ocupado pelo público é maior do que aquele que de fato é utilizado. Cabe também ao telespectador se posicionar como produtor e conhecedor de recortes da realidade em que vive, buscando, paralelamente a isso, conquistar o espaço para que as suas demandas recebam a atenção devida.

Outro ponto que precisa ser enfatizado e é considerado um achado importante nessa pesquisa é a faixa etária da participação do público, que se concentra a partir dos 40 anos, com mais destaque para quem tem mais de 50 anos. Ao contrário do que empiricamente se imagina, que as gerações com mais idade teriam dificuldade em utilizar a tecnologia, neste estudo, vimos que o pertencimento fortalece essa relação e serve como uma maneira de reafirmar a necessidade de participação.

Ao acompanhar esse processo de participação, percebe-se a necessidade de que essa relação se fortaleça na transparência das ações. O telespectador precisa saber quais são os objetivos da emissora quando escolhe um ou outro posicionamento. Assim como a emissora também precisa entender que o público tem os seus desejos e objetivos e utiliza esse espaço de comunicação para alcançar ainda mais pessoas com o seu posicionamento como cidadão. Desta forma, a credibilidade (Coutinho, 2022) será fortalecida tanto do ponto de vista do público, quanto do jornalista. A responsabilidade é maior para quem recebe a mensagem, edita e publica, visto que o público confere essa atribuição ao jornalista ao reconhecê-lo como profissional capacitado para a realização da atividade. Esse processo não deve, de forma alguma, ser feito como em uma linha de produção. A participação do público é carregada de sentimentos, desejos e opinião e traz consigo o conhecimento e a formação daquele cidadão (Martín-Barbero, 2006, 2012, 2018). Porém, é essa mensagem que tem o alcance do conteúdo jornalístico que é (ou deveria ser) baseado em conhecimento científico, técnico e respaldado em questões éticas, intrínsecas à profissão.

A construção de cidadania proposta por Jesús Martín-Barbero indica que a consolidação dos espaços para o público dizer o que pensa passa por uma reformulação na maneira como essa relação de proximidade e pertencimento ainda é construída. A pesquisa constata que esse é um local em que cada um dos atores (produtores de conteúdo, jornalistas e público) sabe até onde pode chegar, mas é preciso ir além. É preciso que o público também adote uma postura de inquietação, e não de subordinação. É o jornalista quem conhece da técnica, da edição, do texto, mas é o público quem também vive a cidade, os bairros, os espaços criados e imaginados. E, por isso, é capaz de traduzir ou, ao menos, indicar os anseios e as demandas da comunidade.

Há, ainda, outras vertentes que podem ser caminhos para a continuidade desta pesquisa. A partir da compreensão do motivo pelo qual o telespectador participa da programação, pode-se observar como é a relação dos telespectadores que, neste momento, optam por não ter essa relação estreitada com o veículo de comunicação e, consequentemente, sugerir processos para a efetiva participação popular, promovendo engajamento e articulação entre os diferentes atores envolvidos na construção da notícia.

Este estudo sugere, ainda, compreender o processo de participação (ou não participação) de jovens em telejornais tradicionais, a partir dos mapas de Jesús Martín-Barbero. A sugestão se dá pelo fato de que, durante a pesquisa, se observou pouca participação de pessoas com menos de 30 anos, apesar de este ser um público digital nato e viver em uma sociedade hiperconectada.

Estamos trilhando um caminho de produção colaborativa de conteúdo para a televisão local/regional, um processo que exige dedicação tanto dos jornalistas quanto do público para que se priorize temas de relevância para a sociedade, auxiliando no desenvolvimento da função social depositada ao jornalismo.

REFERÊNCIAS

ALMEIDA, Melissa Ribeiro de. **TV Social**: o telespectador como protagonista na televisão em múltiplas telas. 1. ed. Curitiba: Appris, 2020.

ANELO, Claudia Regina Ferreira. **TV e Tecnologias Digitais**: a participação do público no telejornal MS Record por meio do WhatsApp. 2016. Dissertação (Mestrado em Comunicação) - Programa de Pós-Graduação em Comunicação. Fundação Universidade Federal de Mato Grosso do Sul, 2016.

BRIGNOL, Liliane Dutra; COGO, Denise; MARTÍNEZ, Silvia Lago. Redes dimensión epistemológica y mediación constitutiva de las mutaciones comunicacionales y culturales de nuestro tiempo. *In:* JACKS, Nilda; SCHMITZ, Daniela; WOTTRICH, Laura (org.); RINCÓN, Omar (ed.). **Un nuevo mapa para investigar la mutación cultural**. Diálogo con la propuesta de Jesús Martín-Barbero. [*S. l.*]: Ciespal, 2019. p. 187-201.

BONIN, Jiani Adriana; MORIGI, Valdir José. Ciudadanía en las interrelaciones entre comunicación, medios y culturas. *In:* JACKS, Nilda; SCHMITZ, Daniela; WOTTRICH, Laura (org.); RINCÓN, Omar (ed.). **Un nuevo mapa para investigar la mutación cultural**. Diálogo con la propuesta de Jesús Martín-Barbero. [*S. l.*]: Ciespal, 2019. p. 215-237.

CAJAZEIRA, Paulo Eduardo Silva Lins. Historicidade da participação e interação no jornalismo televisivo. **Revista Brasileira de História da Mídia**, v. 9, n. 1, jan./jun. 2020.

CALLEJO, J. **El grupo de discusión**: introducción a um a prática de investigación. Barcelona: Editora Ariel S.A., 2001.

CANCLINI, Néstor García. **Culturas híbridas**: estratégias para entrar e sair da modernidade. São Paulo: Editora da Universidade de São Paulo, 2013.

CANNITO, Newton Guimarães. **A TV 1.5 – A televisão na era digital.** 2009. Tese (Doutorado em Ciências da Comunicação) – Programa de Pós-Graduação em Ciências da Comunicação, Escola de Comunicação e Artes, Universidade de São Paulo, São Paulo, 2009. Disponível em: https://www.teses.usp.br/teses/disponiveis/27/27153/tde-21102010-103237/publico/1519261.pdf. Acesso em: 11 maio 2024.

CARREIRA, Krishma Anaísa Coura. **Entrevista com André Lemos**: as profundas transformações na cultura digital. Disponível em: https://fapcom.edu.br/revista/index.php/revista-paulus/article/view/482/447. Acesso em: 27 set. 2022.

CARVALHO, Luciana Wasum. **O telejornal Balanço Geral Florianópolis e os modelos de apropriação na produção da notícia no telejornalismo**. 2019. Dissertação (Mestrado em Jornalismo) – Programa de Pós-Graduação em Jornalismo, Universidade Federal de Santa Catarina, Florianópolis, 2019. Disponível em: https://repositorio.ufsc.br/handle/123456789/215692. Acesso em: 30 set. 2022.

CARNEIRO, Cristine Gerk Pinto. **Jornalismo e público**: reconfigurações no contexto digital. WhatsApp do Extra como ferramenta histórico-tecnológica. 2016. Dissertação (Mestrado em Comunicação e Cultura) – Programa de Pós-Graduação em Comunicação e Cultura, Escola de Comunicação, Universidade Federal do Rio de Janeiro, Rio de Janeiro, 2016.

CASTELLS, Manuel. **Fluxos, redes e identidades**: uma teoria crítica da Sociedade Informacional. *In*: Castells, M. (org.). Novas perspectivas críticas em educação. Porto Alegre: Artes Médicas, 1996.

CENTRO Regional de Estudos para o Desenvolvimento da Sociedade da Informação. **TIC Domicílios 2021**. https://cetic.br/pt/pesquisa/domicilios/analises/. Acesso em: 31 jul. 2022.

CHARAUDEAU, Patrick: **Discurso das mídias**. São Paulo, Editora Contexto, 2015.

COUTINHO, Iluska; EMERIM, Cárlida (org.). **Telejornalismo local**: teorias, conceitos e reflexões. Florianópolis: Insular, 2019. (Coleção Jornalismo Audiovisual, v. 8).

COUTINHO, Iluska; EMERIM, Cárlida. Lugares, espaços, telas e reconhecimento: o local no telejornalismo na contemporaneidade. *In:* COUTINHO, Iluska; EMERIM, Cárlida (org.). **Telejornalismo local**: teorias, conceitos e reflexões. Florianópolis: Insular, 2019. p. 23-40. (Coleção Jornalismo Audiovisual, v. 8).

COUTINHO, Iluska. Credibilidade como valor personalizado no telejornalismo: Vínculos tecidos em rede entre audiência e jornalistas profissionais. Trabalho apresentado no GP Telejornalismo. XXII ENCONTRO DOS GRUPOS DE PESQUISAS EM COMUNICAÇÃO. Evento componente do 45º Congresso Brasileiro de Ciências da Comunicação, 2022. ISSN: 2175-4683.

DEL VECCHIO DE LIMA, Myrian de; FERNANDES, José Carlos; COSTA, Rosa Maria Dalla. Os leitores da Gazeta do Povo diante de um jornal em desmaterialização. **E-compós – Revista da Associação Nacional dos Programas de Pós-Graduação em Comunicação**, v. 22, p. 1-23, jan./dez. 2019.

EMERIM, Cárlida. A essência da televisão aberta contemporânea. **Sessões do Imaginário**, Porto Alegre, v. 19, n. 31, p. 12-19, 2014.

ENREDOS DIGITAIS. **Aula aberta**: mapas barberianos em mutação. YouTube, 7 dez. 2020. Disponível em: https://www.youtube.com/watch?v=dRE-RZrwxdg. Acesso em: 15 fev. 2023.

FRAZÃO, Samira Moratti. Jornalismo participativo no telejornal: o telespectador como produtor de conteúdo. **Revista Vozes e Diálogo**, Itajaí, v. 11, n. 2, p. 44-57, jul./dez. 2012.

FECHINE, Yvana. TV Social: contribuição para a delimitação do conceito. **Contracampo**, Niterói, v. 36, n. 1, p. 84-98, abr./jul. 2017.

FELIPPI, Ângela Cristina Trevisan; VILLELA, Rosário Sanchez; SILVEIRA, Rogério Leandro Lima. Em el Mapa Comunicativo de la Cultura: produto social y condición del devenir. *In:* JACKS, Nilda; SCHMITZ, Daniela; WOTTRICH, Laura (org.); RINCÓN, Omar (ed.). **Un nuevo mapa para investigar la mutación cultural**. Diálogo con la propuesta de Jesús Martín-Barbero. [*S. l.*]: Ciespal, 2019. p. 91-115.

FINGER, Cristiane. Telejornalismo em outras telas: As informações hiperlocais e o jornalismo colaborativo. *In:* COUTINHO, Iluska.; EMERIM, Cárlida (org.). **Telejornalismo local**: teorias, conceitos e reflexões. Florianópolis: Insular, 2019. p. 109-124. (Coleção Jornalismo Audiovisual, v. 8).

FINGER, Cristiane; CANATTA, Fábio de Souza. Uma nova forma de ver TV no sofá ou em qualquer lugar. **Revista FAMECOS (On-line),** v. 19, p. 373-389, 2012. Disponível em: http://revistaseletronicas.pucrs.br/ojs/index.php/revistafamecos/article/view/12320/8260. Acesso em: 29 set. 2022.

G1 RIO. **WhatsApp e Viber do RJTV e Bom Dia RJ recebem 1 milhão de colaborações**. G1 Rio. Rio de Janeiro. 21 maio 2015. On-line. Disponível em: http://glo.bo/1AAnuRM. Acesso em: 30 set. 2022.

GARCÍA AVILÉS, José. A. La comunicación ante la convergencia digital: algunas fortalezas y debilidades. **Signo y Pensamiento**, Bogotá, v. 38, n. 54, p. 103-113, 2009. Disponível em: http://www.redalyc.org/articulo.oa?id=86011409007. Acesso em: 28 dez. 2021.

GOVERNO FEDERAL, Capes. **Catálogo de Teses e Dissertações**. Disponível em: set. 2022.

IBÁÑEZ, Jesús. **Más allá de la sociología**. El grupo de discusión: teoría y crítica. Madrid: Siglo XXI, 1996.

JACKS, Nilda *et al.* **Meios e audiências III**: reconfigurações dos estudos de recepção e consumo midiático no Brasil. Porto Alegre: Editora Sulina, 2017.

JACKS, Nilda; TOALDO, Mariângela Machado; OIKAWA, Erica. Práticas culturais e ciberculturais: para pensar a relação com as tecnologias. **E-compós**, Brasília, v. 19, n. 1, p. 1-16, jan./abr. 2016.

JACKS, Nilda; SCHMITZ, Daniela; WOTTRICH, Laura (org.); RINCÓN, Omar (ed.). **Un nuevo mapa para investigar la mutación cultural**. Diálogo con la propuesta de Jesús Martín-Barbero. [*S. l.*]: Ciespal, 2019.

JENKINS, Henry. **Cultura da convergência.** São Paulo: Aleph, 2009.

JENKINS, Henry; FORD, Sam; GREEN, Joshua: **Cultura da conexão**: criando valor e significado por meio da mídia propagável. São Paulo: Aleph, 2014.

JOST, François: **Compreender a televisão**. Porto Alegre: Editora Meridional/ Sulina, 2010.

KNEIPP, Valquíria Aparecida Passos; CUNHA, Sonia Regina Soares da. A utilização do Ginga na construção do processo de interatividade no telejornalismo brasileiro. XI ENCONTRO DOS GRUPOS DE PESQUISAS EM COMUNICAÇÃO. Evento componente do XXXIV Congresso Brasileiro de Ciências da Comunicação. **Revista Temática**, VIII, n. 1, p. 821-1, jan. 2012.

KOGUT, Patrícia; MILLEN, Manya. **101 atrações de TV que sintonizaram o Brasil**. Rio de Janeiro: Estação Brasil, 2017.

KOGUT, Patrícia. **'Você Decide' voltará ao ar na Globo**. Globo, 6 set. 2017. Disponível em: https://kogut.oglobo.globo.com/noticias-da-tv/noticia/2017/09/voce-decide-voltara-ao-ar-na-globo.html. Acesso em: 12 maio 2014.

LEMOS, André. **Podcast Cultura Digital com André Lemos**. Comentário Fake News e Invisible News. 2021. Disponível em: https://soundcloud.com/grupometropole/31-08-21-comentario-andre-lemos-fake-news-e-invisible-news. Acesso em: 12 maio 2024.

LEMOS, Ligia Prezia. Ficção televisiva interativa e o V-Effekt de Brecht: Você Decide e Black Mirror. XIX ENCONTRO DOS GRUPOS DE PESQUISAS EM COMUNICAÇÃO. **Anais** [...] 42º CONGRESSO BRASILEIRO DE CIÊNCIAS DA COMUNICAÇÃO - INTERCOM, 2 a 7 de setembro de 2019, Belém. São Paulo: Intercom, 2019. Disponível em: http://portalintercom.org.br/anais/nacional2019. Acesso em: 11 maio 2024.

LOPES, Maria Immacolata Vassallo. Algumas reflexões metodológicas sobre a recepção televisa transmídia. **Revista Geminis.** Edição especial, p. 13-16, 2014.

LOPES, Maria Immacolata Vassallo. Jesús Martín-Barbero e os mapas essenciais para compreender a comunicação. **Intexto**, Porto Alegre, n. 43, p. 14-23, set./dez. 2018.

MACHADO, Ricardo. **Façamos um elogio ao caos. Reportagem e entrevista especial com Jesús Martín-Barbero.** Instituto Humanitas Unisinos. 15 junho 2021. Disponível em: https://www.ihu.unisinos.br/categorias/159-entrevistas/610152-facamos-um-elogio-ao-caos-uma-vida-intelectual-dedicada-a-comuicacao-como-exercicio-constante-da-provocacao-reportagem-e-entrevista-especial-com-jesus-martin-barbero. Acesso em: 11 maio 2024.

MAGONI, Antonio Francisco; MIRANDA, Giovani Vieira. Convergência e cultura participativa: possíveis interações entre novas tecnologias e agentes sociais no campo da comunicação. **Parágrafo**, São Paulo, v. 6, n. 1, p. 185-198, jan./abr. 2018.

MARTÍN-BARBERO, Jesús. **Dos meios às mediações**: comunicação, cultura e hegemonia. Rio de Janeiro: UFRJ, 2006.

MARTÍN-BARBERO, Jesús. Dos meios às mediações: 3 introduções. **MATRIZes**, v. 12, n. 1, p. 9-31, 2018.

MARTÍN-BARBERO, Jesús. **Entrevista Globo Universidade**. 2012. Disponível em: http://glo.bo/LTGuzm. Acesso em: 7 abr. 2023.

MARTÍN-BARBERO, Jesús; RINCÓN, Omar. Ensayos sobre el sensorium contemporáneo, un mapa para investigar la mutación cultural. *In:* JACKS, Nilda; SCHMITZ, Daniela; WOTTRICH, Laura (org.); RINCÓN, Omar (ed.). **Un nuevo mapa para investigar la mutación cultural**. Diálogo con la propuesta de Jesús Martín-Barbero. [*S. l.*]: Ciespal, 2019. p. 17-23.

MEINERZ, Carla Beatriz. Grupos de Discussão: uma opção metodológica na pesquisa em educação. **Educação & Realidade**, Porto Alegre, v. 36, n. 2, p. 485-

504, 2011. Disponível em: https://seer.ufrgs.br/index.php/educacaoerealidade/article/view/16957. Acesso em: 12 maio 2024.

MONTEZ, Carlos; BECKER, Valdecir. **TV Digital Interativa**: conceitos, desafios e perspectivas para o Brasil. 2. ed. Florianópolis: Ed. UFSC, 2005.

MUSSE, Christina Ferraz; THOMÉ, Cláudia de Albuquerque. Um milhão de amigos no RJTV: o telespectador como produtor de conteúdo pelos aplicativos WhatsApp e Viber. **Sessões do Imaginário**, Porto Alegre, v. 20, n. 33, p. 1-9, 2015.

OLIVEIRA FILHO, José Tarcísio. O sentimento de local na sociedade contemporânea: Reflexões no (tele) jornalismo. *In:* COUTINHO, Iluska; EMERIM, Cárlida (org.). **Telejornalismo local**: teorias, conceitos e reflexões.. Florianópolis: Insular, 2019. p. 61-73. (Coleção Jornalismo Audiovisual, v. 8).

PATERNOSTRO, Vera Íris: **O texto na TV**: manual de telejornalismo. Rio de Janeiro: Editora Campus, 1999.

PEREIRA, Ana Maria de Souza. **Telejornalismo, interação e redes sociais**: convergências na TV Cabo Branco e TV Paraíba. 2014. Dissertação (Mestrado em Comunicação e Culturas Midiáticas) – Programa de Pós-graduação em Comunicação e Culturas Midiáticas, Universidade Federal da Paraíba, João Pessoa, 2014.

PEREIRA JÚNIOR, Alfredo Eurico Vizeu; CERQUEIRA, Laerte. O "lugar de referência" do telejornalismo local: O papel dos saberes, dos dispositivos didáticos e da temporalidade. *In:* COUTINHO, Iluska; EMERIM, Cárlida (org.). **Telejornalismo local**: teorias, conceitos e reflexões.. Florianópolis: Insular, 2019. p. 41-60. (Coleção Jornalismo Audiovisual, v. 8).

PEREIRA JÚNIOR, Alfredo Eurico Vizeu; ALVES, Kellyanne Carvalho. O espaço de colaboração da audiência ativa no telejornalismo. **Intexto**, Porto Alegre, n. 39, p. 42-59, maio/ago. 2017.

PERUZZO, Cicilia M. Krohling. Mídia regional e local: aspectos conceituais e tendências. **Comunicação & Sociedade**, São Bernardo do Campo: Póscom-Umesp, ano 26, n. 43, p. 67-84, 1º sem. 2005.

PINHEIRO, Carlos Eduardo; MONTEIRO, Márcio. Notas sobre a participação do público na programação televisiva brasileira: formatos de programas, tecnologias e modos de interação. **Comunicación: revista Internacional de Comunicación Audiovisual, Publicidad y Estudios Culturales**, n. 10, p. 211-223, 2012. Disponível em: https://dialnet.unirioja.es/servlet/articulo?codigo=3954747. Acesso em: 28 set. 2022.

PIRES, Arthur Freire Simões; BERTONCELLOS, Soraya Damasio. "Fake news não são um erro digital; são uma falha ético-moral": Entrevista com André Lemos. **Revista Alceu**, Rio de Janeiro, online, v. 22, n. 48, p. 145-151, set./dez. 2022. ISSN: 2175-7402.

SALAVERRÍA, Ramón; GARCÍA AVILÉS, José.; MASIP, Pere. *In:* GARCÍA, Xosé López; FARIÑA, Xosé Pereira (org.). **Convergencia digital**: reconfiguração de los médios de comunicacion em España. Santiago de Compostela: Unidixital, 2010.

SALAVERRÍA, Ramón. Estructura de la convergencia. *In:* GARCÍA, Xosé López; FARIÑA, Xosé Pereira (org.). **Convergencia digital**: reconfiguração de los médios de comunicacion em España. Santiago de Compostela: Unidixital, 2010.

SILVA, Gislaine. Para pensar critérios de noticiabilidade. **Revista Estudos em Jornalismo e Mídia**, v. 2, n. 1, 2005.

SILVA, Silmara Dela. Das cartas de leitores às redes sociais: o espaço para o sujeito na revista Superinteressante. **Estudos Linguísticos**, São Paulo, v. 42, n. 3, p. 1214-1228, set./dez. 2013.

SILVA, Lourdes Ana Pereira; BASEIO, Maria Auxiliadora Fontana. Narrativa(s) como estrategia(s) de comunicabilidade. *In:* JACKS, Nilda; SCHMITZ, Daniela; WOTTRICH, Laura (org.); RINCÓN, Omar (ed.). **Un nuevo mapa para investigar la mutación cultural**. Diálogo con la propuesta de Jesús Martín-Barbero. [*S. l.*]: Ciespal, 2019. p. 161-184.

SILVESTRE, Vanessa Souto; MARTINS, Reginaldo Marcos; LOPES, João Pedro Goes. Grupos de Discussão: uma possibilidade metodológica. **Ensaios Pedagógicos**, Sorocaba, v. 2, n. 1, p. 34-44, jan./abr. 2018.

SODRÉ, Muniz. A forma de vida da mídia. Entrevista concedida a Mariluce Moura. **Revista Pesquisa Fapesp**, ed. 78, 2002 (online). Disponível em: https://revistapesquisa.fapesp.br/a-forma-de-vida-da-midia/. Acesso em: 28 jul. 2022.

SODRÉ, Muniz. **As estratégias sensíveis**: afeto, mídia e política. Petrópolis, RJ: Vozes, 2006.

SODRÉ, Muniz. **A narração do fato**: notas para uma teoria do acontecimento. Petrópolis, RJ: Vozes, 2009.

TRAQUINA, Nelson. **Teorias do Jornalismo, porque as notícias são como são**. 3. ed. rev. Florianópolis: Insular, 2012.

TRAQUINA, Nelson. **O estudo do jornalismo no século XX**. 3. reimp. São Leopoldo: Editora Unisinos, 2005.

WELLER, Wivian; PFAFF, Nicolle (org.). **Metodologias da Pesquisa Qualitativa em Educação**: Teoria e Prática. 3. ed. Petrópolis: Vozes, 2013.

WOLTON, Dominique. **Elogio do Grande Público**. São Paulo: Editora Ática, 1996.

WOLTON, Dominique. **Informar não é comunicar**. Porto Alegre: Sulina, 2010.

PRIMO, Alex Fernando Teixeira; CASSOL, Márcio Borges Fortes. Explorando o conceito de interatividade: definições e taxonomias. **Informática na Educação: teoria & prática**, Porto Alegre, v. 2, n. 2, p. 65-79, out. 1999.

RINCÓN, Omar. Mutações bastardas da comunicação. **Revista MATRIZes**, São Paulo, v. 12, n. 1, jan./abr. 2018.

RINCÓN, Omar. Epílogo. *In:* JACKS, Nilda; SCHMITZ, Daniela; WOTTRICH, Laura (org.); RINCÓN, Omar (ed.). **Un nuevo mapa para investigar la mutación cultural**. Diálogo con la propuesta de Jesús Martín-Barbero. [*S. l.*]: Ciespal, 2019. p. 263-285.

SABATKE, Tatiana de Souza; FERNANDES, José Carlos. **Do "Click" ao "Tá no Ar"**: as Fotos da Vacinação Contra a Covid-19 como Evidência da Convergência Midiática no Telejornalismo. Disponível em: https://portalintercom.org.br/anais/nacional2021/resumos/dt1-te/tatiana-de-souza-sabatke.pdf. Acesso em: 18 out. 2022.

YOUNGTECH Software. **Site Youon**. Disponível em: https://www.whatstv.com.br/. Acesso em: 29 set. 2022.

ZIERHUT, Daniel Arias; FERNANDES, Marcio Ronaldo Santos. 50 anos de TV Globo: panorama das transformações na interação direta do público. Trabalho apresentado no IJ 5 – Rádio, TV e Internet. **Anais** do XVI CONGRESSO DE CIÊNCIAS DA COMUNICAÇÃO NA REGIÃO SUL. 4 a 6 de junho de 2015. Univille - Joinville. Disponível em: https://portalintercom.org.br/anais/sul2015/trabalhos_dt.htm. Acesso em: 12 maio 2024. ISSN 2177-7896.